¿Águila o Sol?/Eagle or Sun?

Also by Octavio Paz

Octavio Paz

¿ÁGUILA O SOL?/
EAGLE OR SUN?

Translated from the Spanish by ELIOT WEINBERGER

A New Directions Book

Assistance for the translation of this volume was given by the Center for Inter-American Relations.

An earlier version of this translation was originally prepared in 1968 and published in 1970 by October House. Since then, both the Spanish and English texts have undergone major revisions, resulting in the present definitive edition. The translator wishes to express his thanks to Polly Walker and Geoffrey O'Brien for their invaluable editorial assistance.

Portions of this book, in substantially altered form, have appeared in several anthologies and magazines, to whose editors and publishers grateful acknowledgment is made: *Chicago Review; The Eye of theHeart*, edited by Barbara Howes (The Bobbs-Merrill Company, Inc.); *New Poetry from Mexico*, edited by Mark Strand (E. P. Dutton & Co., Inc); *The Prose Poem*, edited by Michael Benedikt (Delta Books); and *Sumac*.

Manufactured in the United States of America
New Directions books are printed on acid-free paper
First published clothbound and as New Directions Paperbook 422 in 1976
Published simultaneously in Canada by Penguin Books Canada Limited

Library of Congress Cataloging in Publication Data

Paz, Octavio, 1914–
    Eagle or Sun? ¿Águila o sol?

    (A New Directions Book)
    I. Title. II. Title: ¿Águila o sol?
PQ 7297.P285A713 1976   861   76–7229
ISBN 0-8112-0623-8
ISBN-13 : 978-0-8112-0623-5

New Directions Books are published for James Laughlin
by New Directions Publishing Corporation
80 Eighth Avenue, New York 10011

FIFTH PRINTING

Contents

¿Águila o Sol?/Eagle or Sun?

Comienzo y recomienzo. Y no avanzo. Cuando llego a las letras fatales, la pluma retrocede: una prohibición implacable me cierra el paso. Ayer, investido de plenos poderes, escribía con fluidez sobre cualquier hoja disponible: un trozo de cielo, un muro (impávido ante el sol y mis ojos), un prado, otro cuerpo. Todo me servía: la escritura del viento, la de los pájaros, el agua, la piedra. ¡Adolescencia, tierra arada por una idea fija, cuerpo tatuado de imágenes, cicatrices resplandecientes! El otoño pastoreaba grandes ríos, acumulaba esplendores en los picos, esculpía plenitudes en el Valle de México, frases inmortales grabadas por la luz en puros bloques de asombro.

Hoy lucho a solas con una palabra. La que me pertenece, a la que pertenezco: ¿cara o cruz, águila o sol?

I begin and begin again. And do not move forward. When I reach the fatal letters, my pen falls back: an implacable prohibition blocks the way. Yesterday, in full possession of my powers, I wrote fluently on some loose page: a bit of sky, a wall (undaunted before the sun and my eyes), a meadow, another body. I could use anything: the writing of the wind, of the birds, water, stone. Adolescence, earth ploughed by a fixed idea, body tattooed with images, gleaming scars! Autumn led great rivers to pasture, hoarded splendors on the peaks, sculpted riches in the Valley of Mexico, immortal phrases engraved by the light on pure blocks of wonder.

Today I fight alone with a word. The word which belongs to me, and to which I belong: heads or tails? eagle or sun?

Trabajos del poeta/The poet's works

I

A las tres y veinte como a las nueve y cuarenta y cuatro, desgreñados al alba y pálidos a medianoche, pero siempre puntualmente inesperados, sin trompetas, calzados de silencio, en general de negro, dientes feroces, voces roncas, todos ojos de bocaza, se presentan Tedevoro y Tevomito, Tli, Mundoinmundo, Carnaza, Carroña y Escarnio. Ninguno y los otros, que son mil y nadie, un minuto y jamás. Finjo no verlos y sigo mi trabajo, la conversación un instante suspendida, las sumas y las restas, la vida cotidiana. Secreta y activamente me ocupo de ellos. La nube preñada de palabras viene, dócil y sombría, a suspenderse sobre mi cabeza, balanceándose, mugiendo como un animal herido. Hundo la mano en ese saco caliginoso y extraigo lo que encuentro: un cuerno astillado, un rayo enmohecido, un hueso mondo. Con esos trastos me defiendo, apaleo a los visitantes, corto orejas, combato a brazo partido largas horas de silencio al raso. Crujir de dientes, huesos rotos, un miembro de menos, uno de más, un juego —si logro tener los ojos bien abiertos y la cabeza fría. Pero no hay que mostrar demasiada habilidad: una superioridad manifiesta los desanima. Y tampoco excesiva confianza; podrían aprovecharse, y entonces ¿quién responde de la consecuencias?

I

At 3:20 or at 9:44, disheveled at dawn or pale at midnight, but always punctually unexpected, without fanfare, shod in silence, generally in black, with fierce teeth, hoarse voices, and large-mouthed eyes, Ichewyou and Ipukeyou, Tli, Dirtyworld, Fatso, Carrionne, and Mock present themselves. None and the others, that are a thousand and no one, a minute and never. I pretend not to see them and continue my work, the conversation suspended for a moment, the additions and subtractions, the daily life. But secretly and actively, I am busy with them. Docile, shady, the cloud pregnant with words comes to hang over my head, wavering, roaring like a wounded animal. I sink my hand into that dark bag and pull out what I find: a chipped horn, a rusty spoke, a clean bone. With that trash I defend myself, beating the visitors, cutting ears off, fighting hand to hand long hours of silence in the open air. Gnashing of teeth, broken bones, one limb less, one more, a game—if I am to succeed in having my eyes wide open and my head clear. But one needn't show too much cunning: manifest superiority discourages them. And, likewise, excessive confidence: they could take advantage of it, and then, who would answer for the consequences?

He dicho que en general se presentan de negro. Debo añadir que de negro espeso, parecido al humo del carbón. Esta circunstancia les permite cópulas, aglutinaciones, separaciones, ramificaciones. Algunos, hechos de una materia parecida a la mica, se quiebran fácilmente. Basta un manotazo. Heridos, dejan escapar una sustancia pardusca, que no dura mucho tiempo regada en el suelo, porque los demás se apresuran a lamerla con avidez. Seguramente lo hacen para reparar energías.

Los hay de una sola cabeza y quince patas. Otros son nada más rostro y cuello. Terminan en un triángulo afilado. Cuando vuelan, silban como silba en el aire el cuchillo. Los jorobados son orquestas ambulantes e infinitas: en cada jiba esconden otro, que toca el tambor y que a su vez esconde otro, también músico, que por su parte esconde otro, que por la suya ... Las bellas arrastran con majestad largas colas de babas. Hay los jirones flotantes, los flecos que cuelgan de una gran bola pastosa, que salta pesadamente en la alfombra; los puntiagudos, los orejudos, los cuchicheantes, los desdentados que se pegan al cuerpo como sanguijuelas, los que repiten durante horas una misma palabra, una misma palabra. Son innumerables e innombrables.

También debo decir que ciertos días arden, brillan, ondulan, se despliegan o repliegan (como una capa de torear), se afilan:

los azules, que florecen en la punta del tallo de la corriente eléctrica;

los rojos, que vibran o se expanden o chisporrotean;

los amarillos de clarín, los erguidos, porque los suntuosos se tienden y los sensuales se extienden;

las plumas frescas de los verdes, los siempre agudos y siempre fríos, los esbeltos, puntos sobre las íes de blancos y grises.

¿Son los enviados de Alguien que no se atreve a presentarse o vienen simplemente por su voluntad, porque les nace?

I have said that in general they appear in black. I should add that it is a thick black, similar to coal smoke, which allows coupling, agglutinations, separations, ramifications. Some, made of a material like mica, break easily. A slap does the trick. Wounded, they emit a dark gray substance which, sloshing on the floor, doesn't last long—the others hurry to lap it with delight. They surely do so to restore their strength.

There are those with a single head and fifteen paws. Others are nothing more than face and neck, ending in a sharp triangle. When they fly they whistle like a knife in the air. The hunchbacks are roving and infinite orchestras. In every hump they hide another, who plays the drums and who in turn hides another, also a musician, who in turn hides another, who in turn ... The beauties majestically drag great tails of spittle. There are floating banners, fringes that hang from a great clammy ball that bounces with a thud on the rug. The sharp-pointed ones, the long-eared, the whisperers, the toothless that cling to the body like leeches, those that for hours repeat the same word, the same word. They are innumerable and unnamable.

On certain days they glow, they glitter, they shimmer, they unfold and refold like a matador's cape, they grow thin:

the blues, that bloom at the tip of the stem of the electric current;

the reds, that vibrate or expand or sizzle;

the clarion yellows, the erect ones, because the luxurious lie down, and the sensuous stretch out;

the bright feathers of the greens, always sharp and always cold, the slim ones, dots over the i's of whites and grays.

Are they the messengers of Someone who dares not appear? Or do they come simply of their own will, because they were born to come?

III

Todos habían salido de casa. A eso de las once advertí que me había fumado el último cigarrillo. Como no deseaba exponerme al viento y al frío, busqué por todos los rincones una cajetilla, sin encontrarla. No tuve más remedio que ponerme el abrigo y descender la escalera (vivo en un quinto piso). La calle, una hermosa calle de altos edificios de piedra gris y dos hileras de castaños desnudos, estaba desierta. Caminé unos trescientos metros contra el viento helado y la niebla amarillenta, sólo para encontrar cerrado el estanco. Dirigí mis pasos hacia un café próximo, en donde estaba seguro de hallar un poco de calor, de música y sobre todo los cigarrillos, objeto de mi salida. Recorrí dos calles más, tiritando, cuando de pronto sentí —no, no sentí: pasó, rauda, la Palabra. Lo inesperado del encuentro me paralizó por un segundo, que fue suficiente para darle tiempo de volver a la noche. Repuesto, alcancé a cogerla por las puntas del pelo flotante. Tiré desesperadamente de esas hebras que se alargaban hacia el infinito, hilos de telégrafo que se alejan irremediablemente con un paisaje entrevisto, nota que sube, se adelgaza, se estira, se estira ... Me quedé solo en mitad de la calle, con una pluma roja entre las manos amoratadas.

IV

Echado en la cama, pido el sueño bruto, el sueño de la momia. Cierro los ojos y procuro no oír el tam-tam que suena en no sé qué rincón de la pieza. "El silencio está lleno de ruidos —me digo— y lo que oyes, no lo oyes de verdad. Oyes al silencio." Y el tam-tam continúa, cada vez más fuerte: es un ruido de cascos de caballo galopando en un campo de piedra; es un hacha que no acaba de derribar un árbol gigante; una prensa de imprenta imprimiendo un solo verso inmenso, hecho nada más de una sílaba, que rima con el golpe de mi corazón; es mi corazón que golpea la roca y la cubre con una andrajosa túnica de espuma; es el mar, la resaca del mar encadenado, que cae y se levanta, que se levanta y cae, que cae y se levanta; son las grandes paletadas del silencio cayendo en el silencio.

Everyone had left the house. Around eleven I noticed that I had smoked my last cigarette. Not wanting to expose myself to the wind and cold, I searched every cranny for a pack, without success. There was nothing to do but put on my overcoat and go downstairs (I live on the fifth floor). The street, a beautiful street with tall buildings of gray stone and two rows of bare chestnut trees, was deserted. I walked about three hundred yards against the freezing wind and yellowish fog only to find the shop closed. I turned toward a nearby café where I was sure to find a little warmth, some music, and above all cigarettes, the object of my search. I walked two more blocks, shivering, when suddenly I felt—no, I didn't feel it: it passed, quickly: the Word. The unexpectedness of the meeting paralyzed me for a second, long enough to give it time to return into the night. Recovered, I reached and grabbed it by the tips of its floating hair. I pulled desperately at those threads that stretched toward the infinite, telegraph wires that inevitably recede in a glimpsed landscape, a note that rises, tapers off, stretches out, stretches out ... I was alone in the middle of the street, with a red feather between my livid hands.

Lying on my bed, I crave the brute sleep, the mummy's sleep. I close my eyes and try not to hear that tapping in some corner of the room. "Silence is full of noise, and what you hear," I say to myself, "you do not truly hear. You hear the silence." And the tapping continues, louder each time: it is the sound of horses' hooves galloping on a field of stone; it is an ax that cannot fell a giant tree; a printing press printing a single immense verse made up of nothing but one syllable that rhymes with the beat of my heart; it is my heart that pounds the rock and covers it with a ragged coat of foam; it is the sea, the undertow of the chained sea that falls and rises, that rises and falls, that falls and rises; it is the great trowels of silence falling in the silence.

V

Jadeo, viscoso aleteo. Buceo, voceo, clamoreo por el descampado. Vaya malachanza. Esta vez te vacío la panza, te tuerzo, te retuerzo, te volteo y voltibocabajeo, te rompo el pico, te refriego el hocico, te arranco el pito, te hundo el esternón. Broncabroncabrón. Doña campamocha se come en escamocho el miembro mocho de don campamocho. Tli, saltarín cojo, baila sobre mi ojo. Ninguno a la vista. Todos de mil modos, todos vestidos de inmundos apodos, todos y uno: Ninguno. Te desfondo a fondo, te desfundo de tu fundamento. Traquetea tráquea aquea. El carrascaloso se rasca la costra de caspa. Doña campamocha se atasca, tarasca. El sinuoso, el silbante babeante, al pozo con el gozo. Al pozo de ceniza. El erizo se irisa, se eriza, se riza de risa. Sopa de sapos, cepo de pedos, todos a una, bola de sílabas de estropajo, bola de gargajo, bola de vísceras de sílabas sibilas, badajo, sordo badajo. Jadeo, penduleo desguanguilado, jadeo.

VI

Ahora, después de los años, me pregunto si fue verdad o un engendro de mi adolescencia exaltada: los ojos que no se cierran nunca, ni en el momento de la caricia; ese cuerpo demasiado vivo (antes sólo la muerte me había parecido tan rotunda, tan totalmente ella misma, quizá porque en lo que llamamos vida hay siempre trozos y partículas de no-vida); ese amor tiránico, aunque no pide nada, y que no está hecho a la medida de nuestra flaqueza. Su amor a la vida obliga a desertar la vida; su amor al lenguaje lleva al desprecio de las palabras; su amor al juego conduce a pisotear las reglas, a inventar otras, a jugarse la vida en una palabra. Se pierde el gusto por los amigos, por las mujeres razonables, por la literatura, la moral, las buenas compañías, los bellos versos, la psicología, las novelas. Abstraído en una meditación —que consiste en ser una meditación sobre la inutilidad de las meditaciones, una contemplación en la que el que contempla es contemplado por lo que contempla y ambos por la Contemplación, hasta que los tres son uno— se rompen los lazos con el mundo, la razón y el lenguaje. Sobre

V

I flap, gooey, I flutter. I dive, I cry, I sigh for space. Joke unjoke.
I pummel your plexus, I twist you, retwist you, I whirl you and
twirl you, facedownfalling, I smash your pout, I flatten your snout,
I smack your back, I crack your croak. Jokeyjokeyjoke. Lady
Rotrock devours the stock of the cropped cock of Sir Rotrock. Tli,
a crippled guy, dances on my eye. No one in sight. All the thousand
manners, all dressed in filthy banners, all and one: no one. I
soundly unground you, I unfound your foundation. Crash rash ash.
The he-man twitches with itches of dandruff. Lady Rotrock bitches
and snaps. The curly girly, the dribbling sibling in the eddy so
heady. In the eddy of ash. The thistle whistles, bristles, buckles
with chuckles. Broth of moths, charts of farts, all together, ball of
syllables of waste matter, ball of snot splatter, ball of the viscera
of syllable sibyls, chatter, deaf chatter. I flap, I swing, smashdun-
guided I flap.

VI

Now, after all these years, I ask myself if it was true, or just an
imago of my exalted adolescence: these eyes that never close, not
even when making love; this body too much alive (for before,
only death had seemed to me so round, so totally itself, perhaps
because there are always bits and particles of nonlife in that which
we call life); this love, tyrannical although it asks for nothing, and
which is not made according to our frailty. Its love of life requires
that we desert life; its love of language leads to the scorn of words;
its love of games moves us to trample on the rules, to invent others,
to gamble life on a word. We lose the liking for friends, for reasonable
women, for literature, morals, good company, beautiful verses,
psychology, novels. Secluded in a meditation that is a meditation
on the uselessness of meditations—a contemplation in which he who
contemplates is contemplated by what he contemplates, and both
in turn by Contemplation, until the three are one—the links with
life, reason, and language are broken. Especially those with language,
that umbilical cord that ties us to the abominable ruminant belly.

todo con el lenguaje —ese cordón umbilical que nos ata al abominable vientre rumiante. Te atreves a decir No, para un día poder decir mejor Sí. Vacías tu ser de todo lo que los Otros lo rellenaron: grandes y pequeñas naderías, todas las naderías de que está hecho el mundo de los Otros. Y luego te vacías de ti mismo, porque tú —lo que llamamos yo o persona— también es imagen, también es Otro, también es nadería. Vaciado, limpiado de la nada purulenta del yo, vaciado de tu imagen, ya no eres sino espera y aguardar. Vienen eras de silencio, eras de sequía y de piedra. A veces, una tarde cualquiera, un día sin nombre, cae una Palabra, que se posa levemente sobre esa tierra sin pasado. El pájaro es feroz y acaso te sacará los ojos. Acaso, más tarde, vendrán otros.

VII

Escribo sobre la mesa crepuscular, apoyando fuerte la pluma sobre su pecho casi vivo, que gime y recuerda al bosque natal. La tinta negra abre sus grandes alas. La lámpara estalla y cubre mis palabras una capa de cristales rotos. Un fragmento afilado de luz me corta la mano derecha. Continúo escribiendo con ese muñón que mana sombra. La noche entra en el cuarto, el muro de enfrente adelanta su jeta de piedra, grandes témpanos de aire se interponen entre la pluma y el papel. Ah, un simple monosílabo bastaría para hacer saltar al mundo. Pero esta noche no hay sitio para una sola palabra más.

VIII

Me tiendo en la cama pero no puedo dormir. Mis ojos giran en el centro de un cuarto negro, en donde todo duerme con ese dormir final y desamparado con que duermen los objetos cuyos dueños se han muerto o se han ido de pronto y para siempre, sueño obtuso de objeto entregado a su propia pesadez inanimada, sin calor de mano que lo acaricie o lo pula. Mis ojos palpan inútilmente el ropero, la silla, la mesa, objetos que me deben la vida pero que se niegan a reconocerme y compartir conmigo estas horas. Me quedo quieto en

You dare to say No so that one day you can more easily say Yes. You empty yourself of everything the Others filled it with: giant and tiny nothings, all the nothings that make up the world of the Others. And then you empty your self itself, because you—that which we call I or person—are also an image, also an Other, also nothing. Emptied, cleansed of the purulent nothingness of I, emptied of your image, you are nothing but hope and expectation. Ages of silence pass, ages of drought and stone. At times, some afternoon on a day without name, a Word falls, lightly perching on the ageless land. The bird is savage, and might tear out your eyes. Later, maybe others will come.

VII

I write on the glimmering table, my pen resting heavily on its chest that is almost living, that moans and remembers the forest of its birth. Great wings of black ink open. The lamp explodes and a cape of broken glass covers my words. A sharp sliver of light cuts off my right hand. I keep writing with this stump that sprouts shadows. Night enters the room, the opposite wall puckers its big stone lips, great blocks of air come between my pen and the paper. A simple monosyllable would be enough to make the world burst. But tonight there is no room for a single word more.

VIII

I lie on my bed, but cannot sleep. My eyes spin in the center of a black room where everything sleeps with that final, abandoned sleep of those objects whose owners have died or have suddenly and forever gone away, the dull sleep of the object surrendered to its own inanimate weight, without the warmth of a hand to caress or polish it. My eyes grope uselessly for the dresser, the chair, the table, things that owe me their life but deny knowing me and sharing with me these hours. I lie quietly in the middle of the great

medio de la gran explanada egipcia. Pirámides y conos de sombra me fingen una inmortalidad de momia. Nunca podré levantarme. Nunca será otro día. Estoy muerto. Estoy vivo. No estoy aquí. Nunca me he movido de este lecho. Jamás podré levantarme. Soy una plaza donde embisto capas ilusorias que me tienden toreros enlutados. Don Tancredo se yergue en el centro, relámpago de yeso. Lo ataco, mas cuando estoy a punto de derribarlo siempre hay alguien que llega al quite. Embisto de nuevo, bajo la rechifla de mis labios inmensos, que ocupan todos los tendidos. Ah, nunca acabo de matar al toro, nunca acabo de ser arrastrado por esas mulas tristes que dan vueltas y vueltas al ruedo, bajo el ala fría de ese silbido que decapita la tarde como una navaja inexorable. Me incorporo: apenas es la una. Me estiro, mis pies salen de mi cuarto, mi cabeza horada las paredes. Me extiendo por lo inmenso como las raíces de un árbol sagrado, como la música, como el mar. La noche se llena de patas, dientes, garras, ventosas. ¿Cómo defender este cuerpo demasiado grande? ¿Qué harán, a kilómetros de distancia, los dedos de mis pies, los de mis manos, mis orejas? Me encojo lentamente. Cruje la cama, cruje mi esqueleto, rechinan los goznes del mundo. Muros, excavaciones, marchas forzadas sobre la inmensidad de un espejo, velas nocturnas, altos y jadeos a la orilla de un pozo cegado. Zumba el enjambre de engendros. Copulan coplas cojas. ¡Tambores en mi vientre y un rumor apagado de caballos que se hunden en la arena de mi pecho! Me repliego. Entro en mí por mi oreja izquierda. Mis pasos retumban en el abandono de mi cráneo, alumbrado sólo por una constelación granate. Recorro a tientas el enorme salón desmantelado. Puertas tapiadas, ventanas ciegas. Penosamente, a rastras, salgo por mi oreja derecha a la luz engañosa de las cuatro y media de la mañana. Oigo los pasos quedos de la madrugada que se insinúa por las rendijas, muchacha flaca y perversa que arroja una carta llena de insidias y calumnias. Las cuatro y treinta, las cuatro y treinta, las cuatro y treinta. El día se me echa encima con su sentencia: habrá que levantarse y afrontar el trabajo diario, los saludos matinales, las sonrisas torcidas, los amores en lechos de agujas, las penas y las diversiones que dejan cicatrices imborrables. Y todo sin haber reposado un instante, pues ahora que estoy muerto de sueño y cierro los ojos pesadamente, el reloj me llama: son las ocho, ya es hora.

Egyptian esplanade. Pyramids and cones of shadow give me the feigned immortality of a mummy. I will never be able to get up. There will never be another day. I'm dead. I'm alive. I'm not here. I have never left this bed. I'll never get up. I am an arena where I attack illusory capes stretched before me by costumed matadors. Don Tancredo stands erect in the center, chalk lightning. I charge toward him, but just as I'm about to knock him down, someone dodges. I charge again, to the catcalls of my giant lips that fill the stands. Ah, I will never kill the bull, I will never stop being dragged by those sad mules that travel round and round the ring beneath the cold wing of that whistling that decapitates the afternoon like an inexorable razor. I sit up: it's only one o'clock. I stretch, my feet leave the room, my head pierces the walls. I stretch to the infinite like the roots of a sacred tree, like music, like the sea. The night is full of hooves, teeth, claws, suckers. How can I defend this giant body? What are my toes, my fingers, my ears doing, miles away? I shrink slowly. The bed creaks, my bones creak, the hinges of the world squeak. Walls, excavations, forced marches over the immensity of a mirror, night watches, panting, halts at the edge of a dry well. A swarm of embryos buzz. Crippled couples copulate. Drums in my belly and a dull murmur of horses that sink in the sand of my chest. I fold into myself. I enter myself through my left ear. My footsteps echo in the emptiness of my skull, lit only by a constellation of garnets. I fumble through the enormous unfurnished hall. Walled doorways, boarded windows. Painfully dragging myself, I exit through my right ear into the false light of four-thirty in the morning. I hear the quiet footsteps of the dawn creeping through the crevices, thin and perverse girl who hurls a letter full of snares and slander. Four-thirty, four-thirty, four-thirty. The day knocks me over with its sentence: get up and face the daily work, the morning greetings, the crooked smiles, the loves in beds of pins, the sorrows and pleasures that leave indelible scars. And all without resting a minute, for now that I'm dying of exhaustion and heavily closing my eyes, the clock calls me: it's eight o'clock, time to get up.

Lo más fácil es quebrar una palabra en dos. A veces los fragmentos siguen viviendo, con vida frenética, feroz, monosilábica. Es delicioso echar ese puñado de recién nacidos al circo: saltan, danzan, botan y rebotan, gritan incansablemente, levantando sus coloridos estandartes. Pero cuando salen los leones hay un gran silencio, interrumpido sólo por las incansables, majestuosas mandíbulas ...

Los injertos ofrecen ciertas dificultades. Resultan casi siempre monstruos débiles: dos cabezas rivales que se mordisquean y extraen toda la sangre a un medio-cuerpo; águilas con picos de paloma que se destrozan cada vez que atacan; palomas con picos de águila, que desgarran cada vez que besan; mariposas paralíticas. El incesto es ley común. Nada les gusta tanto como las uniones en el seno de una misma familia. Pero es una superstición sin fundamento atribuir a esta circunstancia la pobreza de los resultados.

Llevado por el entusiasmo de los experimentos abro en canal a una, saco los ojos a otra, corto piernas, agrego brazos, picos, cuernos. Colecciono manadas, que someto a un régimen de colegio, de cuartel, de cuadra, de convento. Adulo instintos, corto y recorto tendencias y alas. Hago picudo lo redondo, espinoso lo blando, reblandezco huesos, osifico vísceras. Pongo diques a las inclinaciones naturales. Y así creo seres graciosos y de poca vida.

A la palabra torre le abro un agujero rojo en la frente. A la palabra odio la alimento con basuras durante años, hasta que estalla en una hermosa explosión purulenta, que infecta por un siglo el lenguaje. Mato de hambre al amor, para que devore lo que encuentre. A la hermosura le sale una joroba en la u. Y la palabra talón, al fin en libertad, aplasta cabezas con una alegría regular, mecánica. Lleno de arena la boca de las exclamaciones. Suelto a las remilgadas en la cueva donde gruñen los pedos. En suma, en mi sótano se corta, se despedaza, se degüella, se pega, se cose y recose. Hay tantas combinaciones como gustos.

Pero esos juegos acaban por cansar. Y entonces no queda sino el Gran Recurso: de una manotada aplastas seis o siete —o diez o mil millones— y con esa masa blanda haces una bola que dejas a la intemperie hasta que se endurezca y brille como una partícula de

There's nothing easier than breaking a word in two. Sometimes the pieces continue to live with a frantic, ferocious, monosyllabic life. It's wonderful to throw a handful of newborn words into the arena: they jump, they dance, they bound and rebound, they scream tirelessly, they raise their colored banners. But when the lions come out there is a great silence, interrupted only by the tireless, majestic jawbones ...

Graftings create certain difficulties. The result is almost always fragile monsters: two rival heads that gnaw on each other and draw all the blood from a half-body; eagles with the beaks of doves, that destroy themselves each time they attack; doves with the beaks of eagles, that stab one another when they kiss; paralytic butterflies. Incest is common law. There is nothing they like more than unions within the same family. But it is baseless superstition to attribute to this circumstance the poverty of the results.

Carried away with enthusiasm for these experiments, I cut a trench in one from top to bottom, I take the eyes of another, I chop off legs, add arms, beaks, horns. I gather crowds which I regiment into schools, barracks, wards, convents. I flatter instincts, I cut and recut tendencies and wings. I make the round sharp, the smooth spiny, I soften bones, I ossify viscera. I dam up natural inclinations. And thus I create graceful beings with little life.

I open a red hole in the forehead of the word tower. For years I feed the word hate with garbage until it bursts in a lovely purulent explosion that infects the language for a century. I starve love to death, so that it devours everything it meets. Beauty grows a hump on the u. And the word heel, finally free, crushes heads with a steady, mechanical joy. I fill the mouth of exclamations with sand. I let loose the squeamish in the cave where farts growl. In sum, my basement is the site of cutting, dismembering, decapitation, joining, sewing, and resewing. There are as many combinations as you like.

But these games become tiresome. And then nothing is left but the Grand Recourse: with a slap you crush six or seven—or ten or a thousand million—make a ball with this flabby mass and leave it

astro. Una vez que esté bien fría, arrójala con fuerza contra esos ojos fijos que te contemplan desde que naciste. Si tienes tino, fuerza y suerte, quizá destroces algo, quizá le rompas la cara al mundo, quizá tu proyectil estalle contra el muro y le arranque unas breves chispas que iluminen un instante el silencio.

X

No bastan los sapos y culebras que pronuncian las bocas de albañal. Vómito de palabras, purgación del idioma infecto, comido y recomido por unos dientes cariados, basca donde nadan trozos de todos los alimentos que nos dieron en la escuela y de todos los que, solos o en compañía, hemos masticado desde hace siglos. Devuelvo todas las palabras, todas las creencias, toda esa comida fría con que desde el principio nos atragantan.

Hubo un tiempo en que me preguntaba: ¿dónde está el mal?, ¿dónde empezó la infección, en la palabra o en la cosa? Hoy sueño un lenguaje de cuchillos y picos, de ácidos y llamas. Un lenguaje de látigos. Para execrar, exasperar, excomulgar, expulsar, exheredar, expeler, exturbar, excorpiar, expurgar, excoriar, expilar, expectorar, exulcerar, excrementar (los sacramentos), extorsionar, extenuar (el silencio), expiar.

Un lenguaje que corte el resuello. Rasante, tajante, cortante. Un ejército de sables. Un lenguaje de aceros exactos, de relámpagos afilados, incansables, relucientes, metódicas navajas. Un lenguaje guillotina. Una dentadura trituradora, que haga una masa del yotúélnosotrosvosotrosellos. Un viento de cuchillos que desgarre y desarraigue y descuaje y deshonre las familias, los templos, las bibliotecas, las cárceles, los burdeles, los colegios, los manicomios, las fábricas, las academias, los juzgados, los bancos, las amistades, las tabernas, la esperanza, la revolución, la caridad, la justicia, las creencias, los errores, las verdades, la fe.

outdoors until it hardens and shines like a bit of star. Someday, when it is well frozen, throw it hard at those fixed eyes that have watched you since you were born. If you have good aim, strength, and luck, maybe you'll destroy something, maybe you'll smash the face of the world, maybe your projectile will explode against the wall and send out a few brief sparks that will, if only for an instant, light the silence.

X

There is no end to the frogs and snakes that the sewer mouths speak. Vomit of words, purgation of infected language, eaten and re-eaten with rotted teeth, the nausea where they swim, all those bits of food they gave us in school, and which, alone or with the others, we have chewed for centuries. I give it all back, the words, the beliefs, all that cold food they have shoved down our throats from the beginning.

There was a time I would ask myself: where is the sickness? Where did the infection start, in the word or in the thing? Today I dream of a language of knives and beaks, of acids and flames. A language of whips. To execrate, exasperate, excommunicate, expel, expatriate, extrude, exturbate, excorporate, expurgate, excoriate, exhume, expectorate, exulcerate, excrete (sacraments), extort, extenuate (silence), expiate.

A language that cuts off breathing. Cropping, chopping, lopping. An army of sabers. A language of unfailing swords, of sharpened lightning, tireless, glittering, methodical razors. A guillotine language. A toothsome crushing machine that will make dough out of the lumps of Iyouhesheitwethey. A wind of knives that dissevers and displaces and dismembers and dishonors the families, temples, libraries, prisons, brothels, schools, asylums, factories, academies, courts, banks, friendships, taverns, hope, revolution, charity, justice, belief, error, truth, faith.

Ronda, se insinúa, se acerca, se aleja, vuelve de puntillas y, si alargo la mano, desaparece, una Palabra. Sólo distingo su cresta orgullosa: Cri. ¿Cristo, cristal, crimen, Crimea, crítica, Cristina, criterio? Y zarpa de mi frente una piragua, con un hombre armado de una lanza. La leve y frágil embarcación corta veloz las olas negras, las oleadas de sangre negra de mis sienes. Y se aleja hacia dentro. El cazador-pescador escruta la masa sombría y anubarrada del horizonte, henchido de amenazas; hunde los ojos sagaces en la rencorosa espuma, aguza el oído, olfatea. A veces cruza la oscuridad un destello vivaz, un aletazo verde y escamado. Es el Cri, que sale un momento al aire, respira y se sumerge de nuevo en las profundidades. El cazador sopla el cuerno que lleva atado al pecho, pero su enlutado mugido se pierde en el desierto de agua. No hay nadie en el inmenso lago salado. Y está muy lejos ya la playa rocallosa, muy lejos las débiles luces de las casuchas de sus compañeros. De cuando en cuando el Cri reaparece, deja ver su aleta nefasta y se hunde. El remero fascinado lo sigue, hacia dentro, cada vez más hacia dentro.

XII

Luego de haber cortado todos los brazos que se tendían hacia mí; luego de haber tapiado todas las ventanas y puertas; luego de haber inundado con agua envenenada los fosos; luego de haber edificado mi casa en la roca de un No inaccesible a los halagos y al miedo; luego de haberme cortado la lengua y luego de haberla devorado; luego de haber arrojado puñados de silencio y monosílabos de desprecio a mis amores; luego de haber olvidado mi nombre y el nombre de mi lugar natal y el nombre de mi estirpe; luego de haberme juzgado y haberme sentenciado a perpetua espera y a soledad perpetua, oí contra las piedras de mi calabozo de silogismos la embestida húmeda, tierna, insistente, de la primavera.

XI

It hovers, creeps in, comes close, withdraws, turns on tiptoe and, if I reach out my hand, disappears: a Word. I can only make out its proud crest: Cri. Cricket, Cripple, Crime, Crimea, Critic, Crisis, Criterion? A canoe sails from my forehead carrying a man armed with a spear. The light, fragile boat nimbly cuts the black waves, the swells of black blood in my temples. It moves further inward. The hunter-fisherman studies the shaded, cloudy mass of a horizon full of threats; he sinks his keen eyes into the rancorous foam, he perks his head and listens, he sniffs. At times a bright flash crosses the darkness, a green and scaly flutter. It is Cri, who leaps for a second into the air, breathes, and submerges again in the depths. The hunter blows the horn he carries strapped to his chest, but its mournful bellow is lost in the desert of water. There is no one on the great salt lake. And the rocky beach is far off, far off the faint lights from the huts of his companions. From time to time Cri reappears, shows his fatal fin, and sinks again. The oarsman, fascinated, follows him inward, each time further inward.

XII

After chopping off all the arms that reached out to me; after boarding up all the windows and doors; after filling all the pits with poisoned water; after building my house on the rock of a No inaccessible to flattery and fear; after cutting out my tongue and eating it; after hurling handfuls of silence and monosyllables of scorn at my loves; after forgetting my name and the name of my birthplace and the name of my race; after judging and sentencing myself to perpetual waiting and perpetual loneliness, I heard against the stones of my dungeon of syllogisms the humid, tender, insistent onset of spring.

XIII

Hace años, con piedrecitas, basuras y yerbas, edifiqué Tilantlán. Recuerdo la muralla, las puertas amarillas con el signo digital, las calles estrechas y malolientes que habitaba una plebe ruidosa, el verde Palacio del Gobierno y la roja Casa de los Sacrificios, abierta como una mano, con sus cinco grandes templos y sus calzadas innumerables. Tilantlán, ciudad gris al pie de la piedra blanca, ciudad agarrada al suelo con uñas y dientes, ciudad de polvo y plegarias. Sus moradores —astutos, ceremoniosos y coléricos— adoraban a las Manos, que los habían hecho, pero temían a los Pies, que podrían destruirlos. Su teología, y los renovados sacrificios con que intentaron comprar el amor de las Primeras y asegurarse la benevolencia de los Últimos, no evitaron que una alegre mañana mi pie derecho los aplastara, con su historia, su aristocracia feroz, sus motines, su lenguaje sagrado, sus canciones populares y su teatro ritual. Y sus sacerdotes jamás sospecharon que Pies y Manos no eran sino las extremidades de un mismo dios.

XIV

Difícilmente, avanzando milímetros por año, me hago un camino entre la roca. Desde hace milenios mis dientes se gastan y mis uñas se rompen para llegar allá, al otro lado, a la luz y el aire libre. Y ahora que mis manos sangran y mis dientes tiemblan, inseguros, en una cavidad rajada por la sed y es polvo, me detengo y contemplo mi obra: he pasado la segunda parte de mi vida rompiendo las piedras, perforando las murallas, taladrando las puertas y apartando los obstáculos que interpuse entre la luz y yo durante la primera parte de mi vida.

XIII

Years ago, out of pebbles, garbage, and grass, I built Tilantlán. I remember the wall, the yellow doors with the digital sign, the narrow, stinking streets inhabited by a noisy populace, the green Government Palace, and the red House of the Sacrifices, open like a hand, with its five great temples and its countless causeways. Tilantlán, gray city at the foot of the white rock, city gripped to the ground by nails and teeth, city of dust and prayers. Its inhabitants—astute, ceremonious, and passionate—worshiped the Hands that had made them, but feared the Feet that could destroy them. Their theology, and the fresh sacrifices with which they intended to buy the love of the Firsts and insure the benevolence of the Lasts, did not spare them that happy morning when my right foot crushed them and their history, their fierce aristocracy, their insurrections, their sacred language, their folk songs and ritual theater. Their priests never suspected that Feet and Hands were but extremities of the same god.

XIV

With great difficulty, advancing by millimeters each year, I carve a road out of the rock. For millenniums my teeth have wasted and my nails broken to get *there*, to the other side, to the light and the open air. And now that my hands bleed and my teeth tremble, unsure, in a cavity cracked by thirst and dust, I pause and contemplate my work: I have spent the second part of my life breaking the stones, drilling the walls, smashing the doors, removing the obstacles I placed between the light and myself in the first part of my life.

¡Pueblo mío, pueblo que mis magros pensamientos alimentan con migajas, con exhaustas imágenes penosamente extraídas de la piedra! Hace siglos que no llueve. Hasta la yerba rala de mi pecho ha sido secada por el sol. El cielo, limpio de estrellas y de nubes, está cada día más alto. Mi sangre se extenúa entre venas endurecidas. Nadie te aplaca ya, Cólera, centella que te rompes los dientes contra el Muro; nada a vosotras, Virgen, Estrella Airada, hermosuras con alas, hermosuras con garras. Todas las palabras han muerto de sed. Nadie podrá alimentarse con estos restos pulidos, ni siquiera mis perros, mis vicios. Esperanza, águila famélica, déjame sobre esta roca parecida al silencio. Y tú, viento que soplas del Pasado, sopla con fuerza, dispersa estas pocas sílabas y hazlas aire y transparencia. ¡Ser al fin una Palabra, un poco de aire en una boca pura, un poco de agua en unos labios ávidos! Pero ya el olvido pronuncia mi nombre: míralo brillar entre sus labios como el hueso que brilla un instante en el hocico de la noche de negro pelaje. Los cantos que no dije, los cantos del arenal, los dice el viento de una sola vez, en una sola frase interminable, sin principio, sin fin y sin sentido.

XVI

Como un dolor que avanza y se abre paso entre vísceras que ceden y huesos que resisten, como una lima que lima los nervios que nos atan a la vida, sí, pero también como una alegría súbita, como abrir una puerta que da al mar, como asomarse al abismo y como llegar a la cumbre, como el río de diamante que horada la roca y como la cascada azul que cae en un derrumbe de estatuas y templos blanquísimos, como el pájaro que sube y el relámpago que desciende, ¡batir de alas, pico que desgarra y entreabre al fin el fruto!, tú, mi Grito, surtidor de plumas de fuego, herida resonante y vasta como el desprendimiento de un planeta del cuerpo de una estrella, caída infinita en un cielo de ecos, en un cielo de espejos que te repiten y destrozan y te vuelven innumerable, infinito y anónimo.

XV

My people, people whom my lean thoughts feed with scraps, with drained images painfully extracted from stone! For centuries it has not rained, and even the sparse grass on my chest has shriveled in the sun. The sky, clear of stars and clouds, is higher every day. My blood moves weakly through hardened veins. No one can appease you, Anger, flashing as you break your teeth against the Wall; nothing for you, Virgin and Wrathful Star, beauties with wings, beauties with claws. All the words have died of thirst. No one will be able to feed on these bare remains, not even my dogs, my vices. Hope, ravenous eagle, leave me on this rock like silence. And you, wind that blows from the Past, blow fiercely, scatter these few syllables and make them air and transparency. To finally be a Word, a bit of air in a pure mouth, a bit of water on eager lips! But forgetfulness is already speaking my name: watch it shine between his lips like a bone that shines for a moment in the muzzle of black woolly night. The songs I never sang, the songs of sand, are sung by the wind all at once in a single interminable phrase, sourceless, endless, senseless.

XVI

Like a pain that moves forward opening a passage between the yielding guts and the resisting bones, like a file that files the nerves that tie us to life, yes, but also like a sudden joy, like opening a door that fronts the sea, like looking down into the abyss, like reaching the summit, like the diamond river that wears away the rock and like the blue cascade that falls in a landslide of statues and white temples, like the bird that rises and the lightning that falls, flash of wings, beak that tears and at last cracks open the fruit! You my cry, fountain of feathers of fire, wound resounding and vast like the ripping out of a planet from the body of a star, infinitely falling in a sky of echoes, in a sky of mirrors that repeat you and destroy and restore you innumerable, infinite, anonymous.

Arenas movedizas/Shifting sands

Desperté, cubierto de sudor. Del piso de ladrillos rojos, recién regado, subía un vapor caliente. Una mariposa de alas grisáceas revoloteaba encandilada alrededor del foco amarillento. Salté de la hamaca y descalzo atravesé el cuarto, cuidando no pisar algún alacrán salido de su escondrijo a tomar el fresco. Me acerqué al ventanillo y aspiré el aire del campo. Se oía la respiración de la noche, enorme, femenina. Regresé al centro de la habitación, vacié el agua de la jarra en la palangana de peltre y humedecí la toalla. Me froté el torso y las piernas con el trapo empapado, me sequé un poco y, tras de cerciorarme que ningún bicho estaba escondido entre los pliegues de mi ropa, me vestí y calcé. Bajé saltando la escalera pintada de verde. En la puerta del mesón tropecé con el dueño, sujeto tuerto y reticente. Sentado en una sillita de tule, fumaba con el ojo entrecerrado. Con voz ronca me preguntó:

—¿Ónde va, señor?

—A dar una vuelta. Hace mucho calor.

—Hum, todo está ya cerrado. Y no hay alumbrado aquí. Más le valiera quedarse.

Alcé los hombros, musité "ahora vuelvo" y me metí en lo oscuro. Al principio no veía nada. Caminé a tientas por la calle empedrada. Encendí un cigarrillo. De pronto salió la luna de una nube negra, iluminando un muro blanco, desmoronado a trechos. Me detuve, ciego ante tanta blancura. Sopló un poco de viento. Respiré el aire de los tamarindos. Vibraba la noche, llena de hojas e insectos. Los grillos vivaqueaban entre las hierbas altas. Alcé la cara: arriba también habían establecido campamento las estrellas. Pensé que el universo era un vasto sistema de señales, una conversación entre seres inmensos. Mis actos, el serrucho del grillo, el parpadeo de la estrella, no eran sino pausas y sílabas, frases dispersas de aquel diálogo. ¿Cuál sería esa palabra de la cual yo era una sílaba? ¿Quién dice esa palabra y a quién se la dice? Tiré el cigarrillo sobre la banqueta. Al caer, describió una curva luminosa, arrojando breves chispas, como un cometa minúsculo.

I woke covered with sweat. Hot steam rose from the newly sprayed, red-brick pavement. A gray-winged butterfly, dazzled, circled the yellow light. I jumped from my hammock and crossed the room barefoot, careful not to step on some scorpion leaving his hideout for a bit of fresh air. I went to the little window and inhaled the country air. One could hear the breathing of the night, feminine, enormous. I returned to the center of the room, emptied water from a jar into a pewter basin, and wet my towel. I rubbed my chest and legs with the soaked cloth, dried myself a little, and, making sure that no bugs were hidden in the folds of my clothes, got dressed. I ran down the green stairway. At the door of the boardinghouse I bumped into the owner, a one-eyed taciturn fellow. Sitting on a wicker stool, he smoked, his eye half closed. In a hoarse voice, he asked:

"Where are you going?"

"To take a walk. It's too hot."

"Hmmm—everything's closed. And no streetlights around here. You'd better stay put."

I shrugged my shoulders, muttered "back soon," and plunged into the darkness. At first I couldn't see anything. I fumbled along the cobblestone street. I lit a cigarette. Suddenly the moon appeared from behind a black cloud, lighting a white wall that was crumbled in places. I stopped, blinded by such whiteness. Wind whistled slightly. I breathed the air of the tamarinds. The night hummed, full of leaves and insects. Crickets bivouacked in the tall grass. I raised my head: up there the stars too had set up camp. I thought that the universe was a vast system of signs, a conversation between giant beings. My actions, the cricket's saw, the star's blink, were nothing but pauses and syllables, scattered phrases from that dialogue. What word could it be, of which I was only a syllable? Who speaks the word? To whom is it spoken? I threw my cigarette down on the sidewalk. Falling, it drew a shining curve, shooting out brief sparks like a tiny comet.

Caminé largo rato, despacio. Me sentía libre, seguro entre los labios que en ese momento me pronunciaban con tanta felicidad. La noche era un jardín de ojos. Al cruzar una calle, sentí que alguien se desprendía de una puerta. Me volví, pero no acerté a distinguir nada. Apreté el paso. Unos instantes después percibí el apagado rumor de unos huaraches sobre las piedras calientes. No quise volverme, aunque sentía que la sombra se acercaba cada vez más. Intenté correr. No pude. Me detuve en seco, bruscamente. Antes de que pudiese defenderme, sentí la punta de un cuchillo en mi espalda y una voz dulce:

—No se mueva, señor, o se lo entierro.

Sin volver la cara, pregunté:

—¿Qué quieres?

—Sus ojos, señor—contestó la voz suave, casi apenada.

—¿Mis ojos? ¿Para qué te servirán mis ojos? Mira, aquí tengo un poco de dinero. No es mucho, pero es algo. Te daré todo lo que tengo, si me dejas. No vayas a matarme.

—No tenga miedo, señor, No lo mataré. Nada más voy a sacarle los ojos.

Volví a preguntar:

—Pero, ¿para qué quieres mis ojos?

—Es un capricho de mi novia. Quiere un ramito de ojos azules. Y por aquí hay pocos que los tengan.

—Mis ojos no te sirven. No son azules, sino amarillos.

—Ay, señor, no quiera engañarme. Bien sé que los tiene azules.

—No se le sacan a un cristiano los ojos así. Te daré otra cosa.

—No se haga el remilgoso, me dijo con dureza. Dé la vuelta.

Me volví. Era pequeño y frágil. El sombrero de palma le cubría medio rostro. Sostenía con el brazo derecho un machete de campo, que brillaba con la luz de la luna.

—Alúmbrese la cara.

Encendí y me acerqué la llama al rostro. El resplandor me hizo entrecerrar los ojos. Él apartó mis párpados con mano firme. No podía ver bien. Se alzó sobre las puntas de los pies y me contempló intensamente. La llama me quemaba los dedos. La arrojé. Permaneció un instante silencioso.

—¿Ya te convenciste? No los tengo azules.

I walked a long time, slowly. I felt free, secure between the lips that were at that moment speaking me with such happiness. The night was a garden of eyes. As I crossed the street, I heard someone come out of a doorway. I turned around, but could not distinguish anything. I hurried on. A few moments later I heard the dull shuffle of sandals on the hot stone. I didn't want to turn around, although I felt the shadow getting closer with every step. I tried to run. I couldn't. Suddenly I stopped short. Before I could defend myself, I felt the point of a knife in my back, and a sweet voice:

"Don't move, mister, or I'll stick it in."

Without turning, I asked:

"What do you want?"

"Your eyes, mister," answered the soft, almost painful voice.

"My eyes? What do you want with my eyes? Look, I've got some money. Not much, but it's something. I'll give you everything I have if you let me go. Don't kill me."

"Don't be afraid, mister. I won't kill you. I'm only going to take your eyes."

"But why do you want my eyes?" I asked again.

"My girlfriend has this whim. She wants a bouquet of blue eyes. And around here they're hard to find."

"My eyes won't help you. They're brown, not blue."

"Don't try to fool me, mister. I know very well that yours are blue."

"Don't take the eyes of a fellow man. I'll give you something else."

"Don't play saint with me," he said harshly. "Turn around."

I turned. He was small and fragile. His palm sombrero covered half his face. In his right hand he held a country machete that shone in the moonlight.

"Let me see your face."

I struck a match and put it close to my face. The brightness made me squint. He opened my eyelids with a firm hand. He couldn't see very well. Standing on tiptoe, he stared at me intensely. The flame burned my fingers. I dropped it. A silent moment passed.

"Are you convinced now? They're not blue."

—Ah, qué mañoso es usted —respondió—. A ver, encienda otra vez.

Froté otro fósforo y lo acerqué a mis ojos. Tirándome de la manga, me ordenó:

—Arrodíllese.

Me hinqué. Con una mano me cogió por los cabellos, echándome la cabeza hacia atrás. Se inclinó sobre mí, curioso y tenso, mientras el machete descendía lentamente hasta rozar mis párpados.Cerré los ojos.

—Ábralos bien —ordenó.

Abrí los ojos. La llamita me quemaba las pestañas. Me soltó de improviso.

—Pues no son azules, señor. Dispense.

Y desapareció. Me acodé junto al muro, con la cabeza entre las manos. Luego me incorporé. A tropezones, cayendo y levantándome, corrí durante una hora por el pueblo desierto. Cuando llegué a la plaza, vi al dueño del mesón, sentado aún frente a la puerta. Entré sin decir palabra. Al día siguiente huí de aquel pueblo.

"Pretty clever, aren't you?" he answered. "Let's see. Light another one."

I struck another match, and put it near my eyes. Grabbing my sleeve, he ordered:

"Kneel down."

I knelt. With one hand he grabbed me by the hair, pulling my head back. He bent over me, curious and tense, while his machete slowly dropped until it grazed my eyelids. I closed my eyes.

"Keep them open," he ordered.

I opened my eyes. The flame burned my lashes. All of a sudden, he let me go.

"All right, they're not blue. Beat it."

He vanished. I leaned against the wall, my head in my hands. I pulled myself together. Stumbling, falling, trying to get up again, I ran for an hour through the deserted town. When I got to the plaza, I saw the owner of the boardinghouse, still sitting in front of the door. I went in without saying a word. The next day I left town.

Te llevo como un objeto perteneciente a otra edad, encontrado un día al azar y que palpamos con manos ignorantes: ¿fragmento de qué culto, dueño de qué poderes ya desaparecidos, portador de qué cóleras o de qué maldiciones que el tiempo ha vuelto irrisorias, cifra en pie de qué números caídos? Su presencia nos invade hasta ocupar insensiblemente el centro de nuestras preocupaciones, sin que valga la reprobación de nuestro juicio, que declara su belleza —ligeramente horrenda— peligrosa para nuestro pequeño sistema de vida, hecho de erizadas negaciones, muralla circular que defiende dos o tres certidumbres. Así tú. Te has instalado en mi pecho y como una campana neumática desalojas pensamientos, recuerdos y deseos. Invisible y callado, a veces te asomas por mis ojos para ver el mundo de afuera; entonces me siento mirado por los objetos que contemplas y me sobrecoge una infinita vergüenza y un gran desamparo. Pero ahora, ¿me escuchas?, ahora voy a arrojarte, voy a deshacerme de ti para siempre. No pretendas huir. No podrías. No te muevas, te lo ruego: podría costarte caro. Quédate quieto: quiero oír tu pulso vacío, contemplar tu rostro sin facciones. ¿Dónde estás? No te escondas. No tengas miedo. ¿Por qué te quedas callado? No, no te haré nada, era sólo una broma. ¿Comprendes? A veces me excito, tengo la sangre viva, profiero palabras por las que luego debo pedir perdón. Es mi carácter. Y la vida. Tú no la conoces. ¿Qué sabes tú de la vida, siempre encerrado, oculto? Así es fácil ser sensato. Adentro, nadie incomoda. La calle es otra cosa: te dan empellones, te sonríen, te roban. Son insaciables. Y ahora que tu silencio me prueba que me has perdonado, deja que te haga una pregunta. Estoy seguro que vas a contestarla clara y sencillamente, como se responde a un camarada después de una larga ausencia. Es cierto que la palabra ausencia no es la más apropiada, pero debo confesarte que tu intolerable presencia se parece a lo que llaman el "vacío de la ausencia". ¡El vacío de tu presencia, tu presencia vacía! Nunca te veo, ni te siento, ni te oigo. ¿Por qué te presentas sin ruido? Durante horas te quedas quieto, agazapado en no sé qué repliegue. No creo ser muy exigente. No te pido mucho: una seña, una pequeña indicación, un movimiento de

I carry you like an object from another age, found one day by chance, which we touch with ignorant hands: fragment of what cult, master of what now-vanished powers, carrier of what fury, what curses that time has made ridiculous, cipher standing among what fallen numbers? Its presence invades us until it occupies insensibly the center of our preoccupations, in spite of the reprobation of our judgment that declares its beauty—lightly hideous— dangerous for our little system of life, made of bristled negations, circular wall that defends two or three certainties. And you are like that. You have rooted in my chest and like a pneumatic bell have dislodged thoughts, memories, and desires. Invisible and silent, at times you peer through my eyes to see the world outside, and then I feel watched by the objects that you study, and I am overwhelmed by infinite shame and great abandon. But now, do you hear me? Now I am going to throw you out. I'm going to set myself free from you forever. Don't try to escape. You can't. Don't move, I tell you, or you'll pay for it. Keep still: I want to hear your empty pulse, see your featureless face. Where are you? Don't hide. Don't be afraid. Why are you so quiet? I won't do anything to you, it was only a joke. Do you understand? It's just that sometimes I get excited, I'm quick-tempered, and say things that later I regret. It's my character. And life. You wouldn't understand. What do you know about life, always closed in, concealed? It's easy for you to be reasonable. Inside nobody bothers you. Life on the street is something else: they push you, smile at you, rob you. They are insatiable. But now that your silence proves that you've forgiven me, allow me to ask a question. I'm sure you'll answer clearly and simply, as one answers a friend after a long absence. It's true the word absence is not the most appropriate, but I wish to confess that your intolerable presence is much like that which they call the "emptiness of absence." The emptiness of your presence, your empty presence! I never see you, never feel you, never hear you. Why are you so silent? You are silent for hours, crouching in some fold. I don't think I'm being demanding. I don't ask for much: a sign, a little indication, a glance, one of those little attentions that

ojos, una de esas atenciones que no cuestan nada al que las otorga y que llenan de gozo al que las recibe. No reclamo, ruego. Acepto mi situación y sé hasta dónde puedo llegar. Reconozco que eres el más fuerte y el más hábil: penetras por la hendidura de la tristeza o por la brecha de la alegría, te sirves del sueño y de la vigilia, del espejo y del muro, del beso y de la lágrima. Sé que te pertenezco, que estarás a mi lado el día de la muerte y que entonces tomarás posesión de mí. ¿Por qué esperar tanto tiempo? Te prevengo desde ahora: no esperes la muerte en la batalla, ni la del criminal, ni la del mártir. Habrá una pequeña agonía, acompañada de los acostumbrados terrores, delirios modestos, tardías iluminaciones sin consecuencia. ¿Me oyes? No te veo. Escondes siempre la cara. Te haré una confidencia —ya ves, no te guardo rencor y estoy seguro que un día vas a romper ese absurdo silencio—: al cabo de tantos años de vivir … aunque siento que no he vivido nunca, que he sido vivido por el tiempo, ese tiempo desdeñoso e implacable que jamás se ha detenido, que jamás me ha hecho una seña, que siempre me ha ignorado. Probablemente soy demasiado tímido y no he tenido el valor de asirlo por el cuello y decirle: "Yo también existo", como el pequeño funcionario que en un pasillo detiene al Director General y le dice: "Buenos días, yo también …", pero, ante la admiración del otro, el pequeño funcionario enmudece, pues de pronto comprende la inutilidad de su gesto: no tiene nada que decirle a su Jefe. Así yo: no tengo nada que decirle al tiempo. Y él tampoco tiene nada que decirme. Y ahora, después de este largo rodeo, creo que estamos más cerca de lo que iba a decirte: al cabo de tantos años de vivir —espera, no seas impaciente, no quieras escapar: tendrás que oírme hasta el fin—, al cabo de tantos años, me he dicho: ¿a quién, si no a él, puedo contarle mis cosas? En efecto —no me avergüenza decirlo y tú no deberías enrojecer— sólo te tengo a ti. A ti. No creas que quiero provocar tu compasión; acabo de emitir una verdad, corroboro un hecho y nada más. Y tú, ¿a quién tienes? ¿Eres de alguien como yo soy de ti? O si lo prefieres, ¿tienes a alguien como yo te tengo a ti? Ah, palideces, te quedas callado. Comprendo tu estupor: a mí también me ha desvelado la posibilidad de que tú seas de otro, que a su vez sería de otro, hasta no acabar nunca. No te preocupes: yo no hablo sino contigo. A no

mean nothing to the giver but fill the receiver with joy. I'm not asking, I'm begging. I accept my situation and know how far I can go. I realize that you are the strongest and the cleverest: you pierce the crack of sadness or the opening of happiness, you use dreams and vigils, mirrors and walls, kisses and tears. I know that I belong to you, that you will be by my side on the day of my death, and that you will then take possession of me. Why wait so long? I advise you from now on: don't wait for the death in battle, the criminal's death, nor the martyr's. There will be a small agony, accompanied by the usual terrors, modest deliriums, late revelations without consequence. Do you hear me? I can't see you. You always hide your face. I will confide in you—you see, I don't bear any grudges and I'm sure that one day you're going to break this absurd silence. After so many years of living ... although I feel that I have never lived, that I have been lived by time, disdainful and implacable time that has never stopped, that has never shown me a sign, that has always ignored me. I'm probably too timid and have never had the courage to grab it by the throat and say, "I too exist," like the petty official who stops the Director General in the corridor and says, "Good morning, I too ..." but, to the other's amazement, goes dumb, suddenly realizing the uselessness of the gesture: he has nothing to say to his Boss. Such am I: I have nothing to say to time. And likewise, it has nothing to say to me. And now, after all this rambling, I think we are closer to what I was going to tell you: after so many years of living—wait, don't be impatient, don't try to escape, you must hear me to the end—after so many years, I have said to myself: to whom, if not to him, can I tell my stories? In effect—I'm not ashamed to say it and you shouldn't blush—I have only you. You. Don't think I want to arouse your compassion; I have merely uttered a truth, confirmed a fact and nothing more. And you, whom do you have? Are you to someone the way I am to you? Or, if you prefer, do you have someone the way I have you? Ah, you're growing pale, you don't answer. I understand your amazement: I too have been kept awake by the possibility that you are another's, who in turn is another's, until it never ends. Don't worry: I talk only to you. But do you,

ser que tú, en este momento, digas lo mismo que te digo a un silencioso tercero, que a su vez ... No, si tú eres otro: ¿quién sería yo? Te repito, ¿tú, a quién tienes? A nadie, excepto a mí. Tú también estás solo, tú también tuviste una infancia solitaria y ardiente —todas las fuentes te hablaban, todos los pájaros te obedecían— y ahora ... No me interrumpas. Empezaré por el principio: cuando te conocí —sí, comprendo muy bien tu extrañeza y adivino lo que vas a decirme: en realidad no te conozco, nunca te he visto, no sé quién eres. Es cierto. En otros tiempos creía que eras esa ambición que nuestros padres y amigos nos destilan en el oído, con un nombre y una moral —nombre y moral que a fuerza de roces se hincha y crece, hasta que alguien viene con un menudo alfiler y revienta la pequeña bolsa de pus—; más tarde pensé que eras ese pensamiento que salió un día de mi frente al asalto del mundo; luego te confundí con mi amor por Juana, María, Dolores; o con mi fe en Julián, Agustín, Rodrigo. Creí después que eras algo muy lejano y anterior a mí, acaso mi vida prenatal. Eras la vida, simplemente. O, mejor, el hueco tibio que deja la vida cuando se retira. Eras el recuerdo de la vida. Esta idea me llevó a otra: mi madre no era matriz sino tumba y agonía los nueve meses de encierro. Logré desechar esos pensamientos. Un poco de reflexión me ha hecho ver que no eres un recuerdo, ni siquiera un olvido: no te siento como el que fui sino como el que voy a ser, como el que está siendo. Y cuando quiero apurarte, te me escapas. Entonces te siento como ausencia. En fin, no te conozco, no te he visto nunca, pero jamás me he sentido solo, sin ti. Por eso debes aceptar aquella frase —¿la recuerdas: "cuando te conocí?"— como una expresión figurada, como un recurso de lenguaje. Lo cierto es que siempre me acompañas, siempre hay alguien conmigo. Y para decirlo todo de una sola vez: ¿quién eres? Es inútil esconderse más tiempo. Ha durado ya bastante este juego. ¿No te das cuenta de que puedo morir ahora mismo? Si muero, tu vida dejará de tener sentido. Yo soy tu vida y el sentido de tu vida. O es a la inversa: ¿tú eres el sentido de mi vida? Habla, dí algo. ¿Aún me odias porque amenacé con arrojarte por la ventana? Lo hice para picarte la cresta. Y te quedaste callado. Eres un cobarde. ¿Recuerdas cuando te insulté? ¿Y cuando vomité sobre ti? ¿Y cuando tenías

at this very moment, tell the same things I tell you to a silent third, who in turn ... ? No, if you were an other, then who would I be? I repeat: who do you have? No one, except me. You too are alone, you too had a solitary and passionate childhood—all the fountains spoke to you, all the birds obeyed you—and now ... Don't interrupt me. I will begin at the beginning: when I met you—yes, I understand your surprise and can guess what you're going to tell me: in reality, I don't know you, I've never seen you, I don't know who you are. It's true. In other times I thought you were the ambition that our parents and friends filter into our ears with a name and a moral—a name and a moral that with the force of familiarity swells and grows until someone comes along with a slender pin and bursts that little bag of pus. Later I thought you were the thought that one day left my head to assault the world. Later I confused you with my love for Juana, Maria, Dolores, or with my faith in Julian, Agustin, Rodrigo. Then I thought you were something far-off and before me, perhaps my prenatal life. You were simply life. Or, better, the tepid hollow that remains when life leaves. You were the memory of life. And this idea brought me to another: my mother was not a womb but agony and a tomb those nine months of confinement. But I succeeded in rejecting those thoughts. A little reflection has made me see that you are not a memory, not even something forgotten: I do not feel you as the one that I was, but rather as the one that I will be, as the one that is being. And when I want to investigate, you escape. And then I sense you as an absence. In sum, I don't know you, I've never seen you, and yet I have never felt alone, without you. That's why you should accept the phrase—remember it?—"when I met you" as a figurative expression, as a recourse of language. What is certain is that you always accompany me, that there is always someone with me. To say it all at once: who are you? It's useless to hide any longer. This game has lasted long enough. Don't you realize that I could die right now? If I die your life will no longer have meaning. I am your life and the meaning of your life. Or is it the reverse, that you are the meaning of my life? Speak. Say something. Do you still hate me because I threatened to throw you out the window? I only said it to provoke you. And you remained silent. You're a coward.

que ver con esos ojos que nunca se cierran cómo dormía con aquella vieja infame y que hablaba de suicidio? Da la cara. ¿Dónde estás? En el fondo, nada de esto me importa. Estoy cansado, eso es todo. Tengo sueño. ¿No te fatigan estas interminables discusiones, como si fuésemos un matrimonio que a las cinco de la mañana, con los párpados hinchados, sobre la cama revuelta sigue dando vueltas a la querella empezada hace veinte años? Vamos a dormir. Dame las buenas noches, sé un poco cortés. Estás condenado a vivir conmigo y deberías esforzarte por hacer la vida más llevadera. No alces los hombros. Calla si quieres, pero no te alejes. No quiero estar solo: desde que sufro menos soy más desdichado. Quizá la dicha es como la espuma de la dolorosa marea de la vida, que cubre con una plenitud roja nuestras almas. Ahora la marea se retira y nada queda de aquello que tanto nos hizo sufrir. Nada sino tú. Estamos solos, estás solo. No me mires: cierra los ojos, para que yo también pueda cerrarlos. Todavía no puedo acostumbrarme a tu mirada sin ojos.

Remember when I insulted you? When I vomited all over you? And when you had to see with these eyes that never close how I slept with that vile hag and talked of suicide? Show me your face. Where are you? Actually, none of this matters to me. I'm tired, that's all. I'm sleepy. Don't these endless discussions tire you? It's as if we were a couple who, at five in the morning, with swollen eyes, continues on the rumpled sheets a quarrel started twenty years ago. Let's go to sleep. Say good night. Show a little courtesy. You are condemned to live with me and you ought to force yourself to make life more bearable. Don't shrug your shoulders. Be quiet if you want, but don't go away. I don't want to be alone: the less I suffer, the more unhappy I am. Maybe happiness is like the foam of the painful tide of life that covers our souls with a red fullness. Now the tide recedes and nothing remains of that which made us suffer so. Nothing but you. We are alone, you are alone. Don't look at me. Close your eyes so I can close mine. I can't get used to your eyeless watching.

Cuando dejé aquel mar, una ola se adelantó entre todas. Era esbelta y ligera. A pesar de los gritos de las otras, que la detenían por el vestido flotante, se colgó de mi brazo y se fue conmigo saltando. No quise decirle nada, porque me daba pena avergonzarla ante sus compañeras. Además, las miradas coléricas de las mayores me paralizaron. Cuando llegamos al pueblo, le expliqué que no podía ser, que la vida en la ciudad no era lo que ella pensaba en su ingenuidad de ola que nunca ha salido del mar. Me miró seria: "No, su decisión estaba tomada. No podía volver." Intenté dulzura, dureza, ironía. Ella lloró, gritó, acarició, amenazó. Tuve que pedirle perdón.

Al día siguiente empezaron mis penas. ¿Cómo subir al tren sin que nos vieran el conductor, los pasajeros, la policía? Es cierto que los reglamentos no dicen nada respecto al transporte de olas en los ferrocarriles, pero esa misma reserva era un indicio de la severidad con que se juzgaría nuestro acto. Tras de mucho cavilar me presenté en la estación una hora antes de la salida, ocupé mi asiento y, cuando nadie me veía, vacié el depósito de agua para los pasajeros; luego, cuidadosamente, vertí en él a mi amiga.

El primer incidente surgió cuando los niños de un matrimonio vecino declararon su ruidosa sed. Les salí al paso y les prometí refrescos y limonadas. Estaban a punto de aceptar cuando se acercó otra sedienta. Quise invitarla también, pero la mirada de su acompañante me detuvo. La señora tomó un vasito de papel, se acercó al depósito y abrió la llave. Apenas estaba a medio llenar el vaso cuando me interpuse de un salto entre ella y mi amiga. La señora me miró con asombro. Mientras pedía disculpas, uno de los niños volvió a abrir el depósito. Lo cerré con violencia. La señora se llevó el vaso a los labios:

—Ay, el agua está salada.

El niño le hizo eco. Varios pasajeros se levantaron. El marido llamó al Conductor:

—Este individuo echó sal al agua.

El Conductor llamó al Inspector:

—¿Conque usted echó sustancias en el agua?

When I left that sea, a wave moved ahead of the others. She was tall and light. In spite of the shouts of the others who grabbed her by her floating skirts, she clutched my arm and went leaping off with me. I didn't want to say anything to her, because it hurt me to shame her in front of her friends. Besides, the furious stares of the larger waves paralyzed me. When we got to town, I explained to her that it was impossible, that life in the city was not what she had been able to imagine with all the ingenuousness of a wave that had never left the sea. She watched me gravely: *No, her decision was made. She couldn't go back.* I tried sweetness, harshness, irony. She cried, screamed, hugged, threatened. I had to apologize.

The next day my troubles began. How could we get on the train without being seen by the conductor, the passengers, the police? It's true the rules say nothing in respect to the transport of waves on the railroad, but this very reserve was an indication of the severity with which our act would be judged. After much thought I arrived at the station an hour before departure, took my seat, and, when no one was looking, emptied the tank of the drinking fountain; then, carefully, I poured in my friend.

The first incident arose when the children of a couple nearby loudly declared their thirst. I blocked their way and promised them refreshments and lemonade. They were at the point of accepting when another thirsty passenger approached. I was about to invite her too, but the stare of her companion stopped me short. The lady took a paper cup, approached the tank, and turned the faucet. Her cup was barely half full when I leaped between the woman and my friend. She looked at me in astonishment. While I apologized, one of the children turned the faucet again. I closed it violently. The lady brought the cup to her lips:

"Agh, this water is salty."

The boy echoed her. Various passengers rose. The husband called the conductor:

"This man put salt in the water."

The conductor called the Inspector:

"So, you've placed substances in the water?"

El Inspector llamó al policía en turno:

—¿Conque usted echó veneno al agua?

El policía en turno llamó al Capitán:

—¿Conque usted es el envenenador?

El Capitán llamó a tres agentes. Los agentes me llevaron a un vagón solitario, entre las miradas y los cuchicheos de los pasajeros. En la primera estación me bajaron y a empujones me arrastraron a la cárcel. Durante días no se me habló, excepto durante los largos interrogatorios. Cuando contaba mi caso nadie me creía, ni siquiera el carcelero, que movía la cabeza, diciendo: "El asunto es grave, verdaderamente grave. ¿No había querido envenenar a unos niños?" Una tarde me llevaron ante el Procurador.

—Su asunto es difícil —repitió—. Voy a consignarlo al Juez Penal.

Así pasó un año. Al fin me juzgaron. Como no hubo víctimas, mi condena fue ligera. Al poco tiempo, llegó el día de la libertad.

El Jefe de la Prisión me llamó:

—Bueno, ya está libre. Tuvo suerte. Gracias a que no hubo desgracias. Pero que no se vuelva a repetir, porque la próxima le costará caro ...

Y me miró con la misma mirada seria con que todos me veían.

Esa misma tarde tomé el tren y luego de unas horas de viaje incómodo llegué a México. Tomé un taxi y me dirigí a casa. Al llegar a la puerta de mi departamento oí risas y cantos. Sentí un dolor en el pecho, como el golpe de la ola de la sorpresa cuando la sorpresa nos golpea en pleno pecho: mi amiga estaba allí, cantando y riendo como siempre.

—¿Cómo regresaste?

—Muy fácil: en el tren. Alguien, después de cerciorarse de que sólo era agua salada, me arrojó en la locomotora. Fue un viaje agitado: de pronto era un penacho blanco de vapor, de pronto caía en lluvia fina sobre la máquina. Adelgacé mucho. Perdí muchas gotas.

Su presencia cambió mi vida. La casa de pasillos oscuros y muebles empolvados se llenó de aire, de sol, de reflejos verdes y azules, pueblo numeroso y feliz de reverberaciones y ecos. ¡Cuántas olas es una ola y cómo puede hacer playa o roca o rompeolas un

The Inspector called the police:

"So, you've poisoned the water?"

The police in turn called the Captain:

"So, you're the poisoner?"

The Captain called three agents. The agents took me to an empty car, amidst the stares and whispers of the passengers. At the next station they took me off and pushed and dragged me to the jail. For days no one spoke to me, except during the long interrogations. No one believed me when I explained my story, not even the jailer, who shook his head, saying: "The case is grave, truly grave. You weren't trying to poison children?"

One day they brought me before the Magistrate. "Your case is difficult," he repeated, "I will assign you to the Renal Judge."

A year passed. Finally they tried me. As there were no victims, my sentence was light. After a short time, my day of freedom arrived.

The Warden called me in:

"Well, now you're free. You were lucky. Lucky there were no victims. But don't let it happen again, because the next time you'll really pay for it ..."

And he stared at me with the same solemn stare with which everyone watched me.

That same afternoon I took the train and, after hours of uncomfortable traveling, arrived in Mexico City. I took a cab home. At the door of my apartment I heard laughter and singing. I felt a pain in my chest, like the smack of a wave of surprise when surprise smacks us in the chest: my friend was there, singing and laughing as always.

"How did you get back?"

"Easy: on the train. Someone, after making sure that I was only salt water, poured me into the engine. It was a rough trip: soon I was a white plume of vapor, then I fell in a fine rain on the machine. I thinned out a lot. I lost many drops."

Her presence changed my life. The house of dark corridors and dusty furniture was filled with air, with sun, with green and blue reflections, a numerous and happy populace of reverberations and echoes. How many waves is one wave, and how it can create a beach or rock or jetty out of a wall, a chest, a forehead that it crowns

muro, un pecho, una frente que corona de espumas! Hasta los rincones abandonados, los abyectos rincones del polvo y los detritus fueron tocados por sus manos ligeras. Todo se puso a sonreír y por todas partes brillaban dientes blancos. El sol entraba con gusto en las viejas habitaciones y se quedaba en casa por horas, cuando ya hacía tiempo que había abandonado las otras casas, el barrio, la ciudad, el país. Y varias noches, ya tarde, las escandalizadas estrellas lo vieron salir de mi casa, a escondidas.

El amor era un juego, una creación perpetua. Todo era playa, arena, lecho de sábanas siempre frescas. Si la abrazaba, ella se erguía, increíblemente esbelta, como el tallo líquido de un chopo; y de pronto esa delgadez florecía en un chorro de plumas blancas, en un penacho de risas que caían sobre mi cabeza y mi espalda y me cubrían de blancuras. O se extendía frente a mí, infinita como el horizonte, hasta que yo también me hacía horizonte y silencio. Plena y sinuosa, me envolvía como una música o unos labios inmensos. Su presencia era un ir y venir de caricias, de rumores, de besos. Entraba en sus aguas, me ahogaba a medias y en un cerrar de ojos me encontraba arriba, en lo alto del vértigo, misteriosamente suspendido, para caer después como una piedra, y sentirme suavemente depositado en lo seco, como una pluma. Nada es comparable a dormir mecido en esas aguas, si no es despertar golpeado por mil alegres látigos ligeros, por mil arremetidas que se retiran, riendo.

Pero jamás llegué al centro de su ser. Nunca toqué el nudo del ay y de la muerte. Quizá en las olas no existe ese sitio secreto que hace vulnerable y mortal a la mujer, ese pequeño botón eléctrico donde todo se enlaza, se crispa y se yergue, para luego desfallecer. Su sensibilidad, como la de las mujeres, se propagaba en ondas, sólo que no eran ondas concéntricas, sino excéntricas, que se extendían cada vez más lejos, hasta tocar otros astros. Amarla era prolongarse en contactos remotos, vibrar con estrellas lejanas que no sospechamos. Pero su centro … no, no tenía centro, sino un vacío parecido al de los torbellinos, que me chupaba y me asfixiaba.

Tendidos el uno al lado del otro, cambiábamos confidencias, cuchicheos, risas. Hecha un ovillo, caía sobre mi pecho y allí se desplegaba como una vegetación de rumores. Cantaba a mi oído,

with foam! Even the abandoned corners, the abject corners of dust and debris were touched by her light hands. Everything began to laugh and everywhere white teeth shone. The sun entered the old rooms with pleasure and stayed for hours when it should have left the other houses, the district, the city, the country. And some nights, very late, the scandalized stars would watch it sneak out of my house.

Love was a game, a perpetual creation. Everything was beach, sand, a bed with sheets that were always fresh. If I embraced her, she would swell with pride, incredibly tall like the liquid stalk of a poplar, and soon that thinness would flower into a fountain of white feathers, into a plume of laughs that fell over my head and back and covered me with whiteness. Or she would stretch out in front of me, infinite as the horizon, until I too became horizon and silence. Full and sinuous, she would envelop me like music or some giant lips. Her presence was a going and coming of caresses, of murmurs, of kisses. Plunging into her waters, I would be drenched to the socks and then, in the wink of an eye, find myself high above, at a dizzying height, mysteriously suspended, to fall like a stone, and feel myself gently deposited on dry land, like a feather. Nothing is comparable to sleeping rocked in those waters, unless it is waking pounded by a thousand happy light lashes, by a thousand assaults that withdraw laughing.

But I never reached the center of her being. I never touched the nakedness of pain and of death. Perhaps it does not exist in waves, that secret place that renders a woman vulnerable and mortal, that electric button where everything interlocks, twitches, straightens out, and then swoons. Her sensibility, like that of women, spread in ripples, only they weren't concentric ripples, but rather excentric ones that spread further each time, until they touched other galaxies. To love her was to extend to remote contacts, to vibrate with far-off stars we never suspect. But her center ... no, she had no center, just an emptiness like a whirlwind that sucked me in and smothered me.

Stretched out side by side, we exchanged confidences, whispers, smiles. Curled up, she fell on my chest and unfolded there like a vegetation of murmurs. She sang in my ear, a little sea shell. She became humble and transparent, clutching my feet like a small

caracola. Se hacía humilde y transparente, echada a mis pies como un animalito, agua mansa. Era tan límpida que podía leer todos sus pensamientos. Ciertas noches su piel se cubría de fosforescencias y abrazarla era abrazar un pedazo de noche tatuada de fuego. Pero se hacía también negra y amarga. A horas inesperadas mugía, suspiraba, se retorcía. Sus gemidos despertaban a los vecinos. Al oírla el viento del mar se ponía a rascar la puerta de la casa o deliraba en voz alta por las azoteas. Los días nublados la irritaban; rompía muebles, decía malas palabras, me cubría de insultos y de una espuma gris y verdosa. Escupía, lloraba, juraba, profetizaba. Sujeta a la luna, a las estrellas, al influjo de la luz de otros mundos, cambiaba de humor y de semblante de una manera que a mí me parecía fantástica, pero que era fatal como la marea.

Empezó a quejarse de soledad. Llené la casa de caracolas y conchas, de pequeños barcos veleros, que en sus días de furia hacía naufragar (junto con los otros, cargados de imágenes, que todas las noches salían de mi frente y se hundían en sus feroces o graciosos torbellinos). ¡Cuántos pequeños tesoros se perdieron en ese tiempo! Pero no le bastaban mis barcos ni el canto silencioso de las caracolas. Tuve que instalar en la casa una colonia de peces. Confieso que no sin celos los veía nadar en mi amiga, acariciar sus pechos, dormir entre sus piernas, adornar su cabellera con leves relámpagos de colores.

Entre todos aquellos peces había unos particularmente repulsivos y feroces, unos pequeños tigres de acuario, de grandes ojos fijos y bocas hendidas y carniceras. No sé por qué aberración mi amiga se complacía en jugar con ellos, mostrándoles sin rubor una preferencia cuyo significado prefiero ignorar. Pasaba largas horas encerrada con aquellas horribles criaturas. Un día no pude más; eché abajo la puerta y me arrojé sobre ellos. Ágiles y fantasmales, se me escapaban entre las manos mientras ella reía y me golpeaba hasta derribarme. Sentí que me ahogaba. Y cuando estaba a punto de morir, morado ya, me depositó suavemente en la orilla y empezó a besarme, diciendo no sé qué cosas. Me sentí muy débil, molido y humillado. Y al mismo tiempo la voluptuosidad me hizo cerrar los ojos. Porque su voz era dulce y me hablaba de la muerte deliciosa de los ahogados. Cuando volví en mí, empecé a temerla y odiarla.

animal, calm water. She was so clear I could read all of her thoughts. On certain nights her skin was covered with phosphorescence and to embrace her was to embrace a piece of night tattooed with fire. But she also became black and bitter. At unexpected hours she roared, moaned, twisted. Her groans woke the neighbors. Upon hearing her, the sea wind would scratch at the door of the house or rave in a loud voice on the roof. Cloudy days irritated her; she broke furniture, said foul words, covered me with insults and gray and greenish foam. She spat, cried, swore, prophesied. Subject to the moon, the stars, the influence of the light of other worlds, she changed her moods and appearance in a way that I thought fantastic, but was as fatal as the tide.

She began to complain of solitude. I filled the house with shells and conches, with small sailboats that in her days of fury she shipwrecked (along with the others, laden with images, that each night left my forehead and sunk in her ferocious or gentle whirlwinds). How many little treasures were lost in that time! But my boats and the silent song of the shells were not enough. I had to install a colony of fish in the house. It was not without jealousy that I watched them swimming in my friend, caressing her breasts, sleeping between her legs, adorning her hair with little flashes of color.

Among those fish there were a few particularly repulsive and ferocious ones, little tigers from the aquarium with large fixed eyes and jagged and bloodthirsty mouths. I don't know by what aberration my friend delighted in playing with them, shamelessly showing them a preference whose significance I prefer to ignore. She passed long hours confined with those horrible creatures. One day I couldn't stand it any more; I flung open the door and threw myself on them. Agile and ghostly, they slipped between my hands while she laughed and pounded me until I fell. I thought I was drowning, and when I was purple and at the point of death, she deposited me on the bank and began to kiss me, saying I don't know what things. I felt very weak, fatigued and humiliated. And at the same time her voluptuousness made me close my eyes because her voice was sweet and she spoke to me of the delicious death of the drowned. When I came to my senses, I began to fear and hate her.

Tenía descuidados mis asuntos. Empecé a frecuentar a los amigos y reanudé viejas y queridas relaciones. Encontré a una amiga de juventud. Haciéndole jurar que me guardaría el secreto, le conté mi vida con la ola. Nada conmueve tanto a las mujeres como la posibilidad de salvar a un hombre. Mi redentora empleó todas sus artes, pero ¿qué podía una mujer, dueña de un numero limitado de almas y cuerpos, frente a mi amiga, siempre cambiante —y siempre idéntica a sí misma en sus metamorfosis incesantes?

Vino el invierno. El cielo se volvió gris. La niebla cayó sobre la ciudad. Llovía una llovizna helada. Mi amiga gritaba todas las noches. Durante el día se aislaba, quieta y siniestra, mascullando una sola sílaba, como una vieja que rezonga en un rincón. Se puso fría; dormir con ella era tiritar toda la noche y sentir cómo se helaban paulatinamente la sangre, los huesos, los pensamientos. Se volvió honda, impenetrable, revuelta. Yo salía con frecuencia y mis ausencias eran cada vez más prolongadas. Ella, en su rincón, aullaba largamente. Con dientes acerados y lengua corrosiva roía los muros, desmoronaba las paredes. Pasaba las noches en vela, haciéndome reproches. Tenía pesadillas, deliraba con el sol, con playas ardientes. Soñaba con el polo y en convertirse en un gran trozo de hielo, navegando bajo cielos negros en noches largas como meses. Me injuriaba. Maldecía y reía; llenaba la casa de carcajadas y fantasmas. Llamaba a los monstruos de las profundidades, ciegos, rápidos y obtusos. Cargada de electricidad, carbonizaba lo que tocaba; de ácidos, corrompía lo que rozaba. Sus dulces brazos se volvieron cuerdas ásperas que me estrangulaban. Y su cuerpo, verdoso y elástico, era un látigo implacable, que golpeaba, golpeaba, golpeaba. Huí. Los horribles peces reían con risa feroz.

Allá en las montañas, entre los altos pinos y los despeñaderos, respiré el aire frío y fino como un pensamiento de libertad. Al cabo de un mes regresé. Estaba decidido. Había hecho tanto frío que encontré sobre el mármol de la chimenea, junto al fuego extinto, una estatua de hielo. No me conmovió su aborrecida belleza. La eché en un gran saco de lona y salí a la calle, con la dormida a cuestas. En un restaurante de las afueras la vendí a un cantinero amigo, que inmediatamente empezó a picarla en pequeños trozos, que depositó cuidadosamente en las cubetas donde se enfrían las botellas.

I had neglected my affairs. Now I began to visit friends and renew old and dear relations. I met an old girlfriend. Making her swear to keep my secret, I told her of my life with the wave. Nothing moves women as much as the possibility of saving a man. My redeemer employed all of her arts, but what could a woman, master of a limited number of souls and bodies, do, faced with my friend who was always changing—and always identical to herself in her incessant metamorphoses.

Winter came. The sky turned gray. Fog fell on the city. A frozen drizzle rained. My friend screamed every night. During the day she isolated herself, quiet and sinister, stuttering a single syllable, like an old woman who mutters in a corner. She became cold; to sleep with her was to shiver all night and to feel, little by little, the blood, bones, and thoughts freeze. She turned deep, impenetrable, restless. I left frequently, and my absences were more prolonged each time. She, in her corner, endlessly howled. With teeth like steel and a corrosive tongue she gnawed the walls, crumbled them. She passed the nights in mourning, reproaching me. She had nightmares, deliriums of the sun, of burning beaches. She dreamt of the pole and of changing into a great block of ice, sailing beneath black skies on nights as long as months. She insulted me. She cursed and laughed, filled the house with guffaws and phantoms. She summoned blind, quick, and blunt monsters from the deep. Charged with electricity, she carbonized everything she touched. Full of acid, she dissolved whatever she brushed against. Her sweet arms became knotty cords that strangled me. And her body, greenish and elastic, was an implacable whip that lashed and lashed. I fled. The horrible fish laughed with their ferocious grins.

There in the mountains, among the tall pines and the precipices, I breathed the cold thin air like a thought of freedom. I returned at the end of a month. I had decided. It had been so cold that over the marble of the chimney, next to the extinct fire, I found a statue of ice. I was unmoved by her wearisome beauty. I put her in a big canvas sack and went out into the streets with the sleeper on my shoulders. In a restaurant in the outskirts I sold her to a waiter friend, who immediately began to chop her into little pieces, which he carefully deposited in the buckets where bottles are chilled.

Todavía no sé cuál es tu nombre. Te siento tan mía que llamarte de algún modo sería como separarme de ti, reconocer que eres distinta a la sustancia de que están hechas las sílabas que forman mi nombre. En cambio, conozco demasiado bien el de ella y hasta qué punto ese nombre se interpone entre nosotros, como una muralla impalpable y elástica que no se puede nunca atravesar.

Todo esto debe parecerte confuso. Prefiero explicarte cómo te conocí, cómo advertí tu presencia y por qué pienso que tú y ella son y no son lo mismo.

No me acuerdo de la primera vez. ¿Naciste conmigo o ese primer encuentro es tan lejano que tuvo tiempo de madurar en mi interior y fundirse a mi ser? Disuelta en mí mismo, nada me permitía distinguirte del resto de mí, recordarte, reconocerte. Pero el muro de silencio que ciertos días cierra el paso al pensamiento, la oleada innombrable —la oleada de vacío— que sube desde mi estómago hasta mi frente y allí se instala como una avidez que no se aplaca y una sentencia que no se tuerce, el invisible precipicio que en ocasiones se abre frente a mí, la gran boca maternal de la ausencia —la vagina que bosteza y me engulle y me deglute y me expulsa: ¡al tiempo, otra vez al tiempo!—, el mareo y el vómito que me tiran hacia abajo cada vez que desde lo alto de la torre de mis ojos me contemplo ... todo, en fin, lo que me enseña que no soy sino una ausencia que se despeña, me revelaba —¿cómo decirlo?— tu presencia. Me habitabas como esas arenillas impalpables que se deslizan en un mecanismo delicado y que, si no impiden su marcha, la trastornan hasta corroer todo el engranaje.

La segunda vez: un día te desprendiste de mi carne, al encuentro de una mujer alta y rubia, vestida de blanco, que te esperaba sonriente en un pequeño muelle. Recuerdo la madera negra y luciente y el agua gris retozando a sus pies. Había una profusión de mástiles, velas, barcas y pájaros marinos que chillaban. Siguiendo tus pasos me acerqué a la desconocida, que me cogió de la mano sin decir palabra. Juntos recorrimos la costa solitaria hasta que llegamos al lugar de las rocas. El mar dormitaba. Allí canté y dancé; allí pronuncié blasfemias en un idioma que he olvidado. Mi amiga

I still don't know your name. Yet I feel that you are so much mine that to call you by any name would be to separate myself from you, to recognize that you are distinct from the substance which makes the syllables that form my name. On the other hand, I know hers too well, and the extent to which that name comes between us like an impalpable and elastic wall that can never be crossed.

All this must seem confused to you. Let me explain how I met you, how I became aware of your presence, and why I think that you and she are and are not the same.

I don't remember the first time. Were you born with me, or is that first encounter so distant that it has had time to ripen within me, to fuse with my being? Dissolved in my self, nothing allowed me to distinguish you from the rest of me, to remind me of you, to recognize you. But the wall of silence that on certain days closes the passage to thought, the unnamable surge—the surge of emptiness—that rises from my stomach to my forehead and installs itself there like a greed that is never satisfied, a sentence that doesn't change, the invisible precipice that at times opens before me, the great maternal mouth of absence—the vagina that yawns and devours me and swallows and ejects me: into time, again into time!—the seasickness and vomit that hurl me down from the heights of the tower of my eyes whenever I contemplate myself ... everything, in sum, that teaches me that I am nothing but an absence that throws itself forward, revealed to me—how should I say it?—your presence. You inhabited me like those impalpable grains of sand that slip into a delicate mechanism and which, if they do not stop its movement, irritate it until all the gears are worn.

The second time. You came out of my flesh one day upon meeting a tall blonde woman, dressed in white, who waited for you smiling on a small dock. I remember the black and shining wood, and the gray water playing at her feet. There was a profusion of masts, sails, boats, and shrieking marine birds. Following your steps I approached the unknown woman who took my hand without saying a word. Together we traversed the lonely coast until we came to that rocky place. The sea slept. There I sang and danced; there I

reía primero; después empezó a llorar. Al fin huyó. La naturaleza no fue insensible a mi desafío; mientras el mar me amenazaba con el puño, el sol descendió en línea recta contra mí. Cuando el astro hubo posado sus garras sobre mi cabeza erizada, comencé a incendiarme. Después se restableció el orden. El sol regresó a su puesto y el mundo se quedó inmensamente solo. Mi amiga buscaba mis cenizas entre las rocas, allí donde los pájaros salvajes dejan sus huevecillos.

Desde ese día empecé a perseguirla. (Ahora comprendo que en realidad te buscaba a ti.) Años más tarde, en otro país, marchando de prisa contra un crepúsculo que consumía los altos muros rojos de un templo, volví a verla. La detuve, pero ella no me recordaba. Por una estratagema que no hace al caso logré convertirme en su sombra. Desde entonces no la abandono. Durante años y meses, durante atroces minutos, he luchado por despertar en ella el recuerdo de nuestro primer encuentro. En vano le he explicado cómo te desprendiste de mí para habitarla, nuestro paseo junto al mar y mi fatal imprudencia. Soy para ella ese olvido que tú fuiste para mí.

He gastado mi vida en olvidarte y recordarte, en huirte y perseguirte. No estoy menos solo que, cuando niño, te descubrí en el charco de aquel jardín recién llovido, menos solo que cuando, adolescente, te contemplé entre dos nubes rotas, una tarde en ruinas. Pero no caigo ya en mi propio sinfín, sino en otro cuerpo, en unos ojos que se dilatan y contraen y me devoran y me ignoran, una abertura negra que palpita, coral vivo y ávido como una herida fresca. Cuerpo en el que pierdo cuerpo, cuerpo sin fin. Si alguna vez acabo de caer, allá, del otro lado del caer, quizá me asome a la vida. A la verdadera vida, a la que no es noche ni día, ni tiempo ni destiempo, ni quietud ni movimiento, a la vida hirviente de vida, a la vivacidad pura. Pero acaso todo esto no sea sino una vieja manera de llamar a la muerte. La muerte que nació conmigo y que me ha dejado para habitar otro cuerpo.

spoke blasphemies in a language that I have forgotten. My friend laughed at first, then began to cry. And finally she fled. Nature did not ignore my challenge: the sea threatened me with its fist, the sun descended in a straight line against me. A star set its claws over my bristling head and I began to burn. Later order was re-established. The sun returned to its place and the world became immensely solitary. My friend searched for my ashes among the rocks, there where savage birds leave their eggs.

From that day on I began to pursue her. (Now I realize that in reality I was searching for you.) Years later, in another country, walking quickly against a sunset that consumed the high red walls of a temple, I saw her again. I stopped her, but she did not remember me. In a pointless ruse, I succeeded in changing myself into her shadow. Since then I haven't left her side. For years and months, for atrocious minutes, I have fought to awake in her the memory of our first meeting. In vain I have explained to her how you had come out of me to inhabit her, our walk by the sea, and my fatal indiscretion. I am to her that forgetfulness that you were to me.

I have wasted my life in forgetting you and remembering you, in escaping you and following you. I am no less alone than when, a boy, I discovered you in the pond of that newly watered garden, no less alone than when, an adolescent, I watched you between two broken clouds one afternoon in ruins. Yet I do not fall now in my own endlessness, but in another body, in eyes that dilate and contract and devour me and ignore me, a black aperture that pulsates, living coral, greedy as a fresh wound. Body in which I lose body, body without end. If sometime I stop falling, there, on the other side of falling, perhaps I will come out into life. Into the true life, into that which is neither night nor day, time nor untime, stillness nor movement, into life seething with life, into pure liveliness. But perhaps all this is nothing but an old name for death. The death that was born with me and has left me to inhabit another body.

A las tres en punto don Pedro llegaba a nuestra mesa, saludaba a cada uno de los concurrentes, pronunciaba para sí unas frases indescrifrables y silenciosamente tomaba asiento. Pedía una taza de café, encendía un cigarrillo, escuchaba la plática, bebía a sorbos su tacita, pagaba a la mesera, tomaba su sombrero, recogía su portafolio, nos daba las buenas tardes y se marchaba. Y así todos los días.

¿Qué decía don Pedro al sentarse y al levantarse, con cara seria y ojos duros? Decía:

—Ojalá te mueras.

Don Pedro repetía muchas veces al día esta frase. Al levantarse, al terminar su tocado matinal, al entrar o salir de casa —a las ocho, a la una, a las dos y media, a las siete y cuarto—, en el café, en la oficina, antes y después de cada comida, al acostarse cada noche. La repetía entre dientes o en voz alta; a solas o en compañía. A veces sólo con los ojos. Siempre con toda el alma.

Nadie sabía contra quién dirigía aquellas palabras. Todos ignoraban el origen de aquel odio. Cuando se quería ahondar en el asunto, don Pedro movía la cabeza con desdén y callaba, modesto. Quizá era un odio sin causa, un odio puro. Pero aquel sentimiento lo alimentaba, daba seriedad a su vida, majestad a sus años. Vestido de negro, parecía llevar luto de antemano por su condenado.

Una tarde don Pedro llegó más grave que de costumbre. Se sentó con lentitud y en el centro mismo del silencio que se hizo ante su presencia, dejó caer con simplicidad estas palabras:

—Ya lo maté.

¿A quién y cómo? Algunos sonrieron, queriendo tomar la cosa a broma. La mirada de don Pedro los detuvo. Todos nos sentimos incómodos. Era cierto, allí se sentía el hueco de la muerte. Lentamente se dispersó el grupo. Don Pedro se quedó solo, más serio que nunca, un poco lacio, como un astro quemado ya, pero tranquilo, sin remordimientos.

At precisely three o'clock don Pedro would arrive at our table, greet each customer, mumble to himself some indecipherable sentences, and silently take a seat. He would order a cup of coffee, light a cigarette, listen to the chatter, sip his coffee, pay the waiter, take his hat, grab his case, say good afternoon, and leave. And so it was every day.

What did don Pedro say upon sitting and rising, with serious face and hard eyes? He said:

"I hope you die."

Don Pedro repeated the phrase many times each day. Upon rising, upon completing his morning preparations, upon entering and leaving his house—at eight o'clock, at one, at two-thirty, at seven-forty—in the café, in the office, before and after every meal, when going to bed each night. He repeated it between his teeth or in a loud voice, alone or with others. Sometimes with only his eyes. Always with all his soul.

No one knew to whom he addressed these words. Everyone ignored the origin of his hate. When someone wanted to dig deeper into the story, don Pedro would turn his head with disdain and fall silent, modest. Perhaps it was a causeless hate, a pure hate. But the feeling nourished him, gave seriousness to his life, majesty to his years. Dressed in black, he seemed to be prematurely mourning for his victim.

One afternoon don Pedro arrived graver than usual. He sat down heavily, and, in the center of the silence that was created by his presence, he simply dropped these words:

"I killed him."

Who and how? Some smiled, wanting to take the thing as a joke. Don Pedro's look stopped them. All of us felt uncomfortable. That sense of the void of death was certain. Slowly the group dispersed. Don Pedro remained alone, more serious than ever, a little withered, like a burnt-out star, but tranquil, without remorse.

No volvió al día siguiente. Nunca volvió. ¿Murió? Acaso le faltó ese odio vivificador. Tal vez vive aún y ahora odia a otro. Reviso mis acciones. Y te aconsejo que hagas lo mismo con las tuyas, no vaya a ser que hayas incurrido en la cólera paciente, obstinada, de esos pequeños ojos miopes. ¿Has pensado alguna vez cuántos —acaso muy cercanos a ti— te miran con los mismos ojos de don Pedro?

He did not return the next day. He never returned. Did he die? Maybe he needed that life-giving hate. Maybe he still lives and now hates another. I examine my actions, and advise you to do the same. Perhaps you too have incurred the same obstinate, patient anger of those small myopic eyes. Have you ever thought how many—perhaps very close to you—watch you with the same eyes as don Pedro?

Y llenar todas estas hojas en blanco que me faltan con la misma, monótona pregunta: ¿a qué horas se acaban las horas? Y las antesalas, los memoriales, las intrigas, las gestiones ante el Portero, el Oficial en Turno, el Secretario, el Adjunto, el Sustituto. Vislumbrar de lejos al Influyente y enviar cada año mi tarjeta para recordar—¿a quién?—que en algún rincón, decidido, firme, insistente, aunque no muy seguro de mi existencia, yo también aguardo la llegada de mi hora, yo también existo. No, abandono mi puesto.

Sí, ya sé, podría sentarme en una idea, en una costumbre, en una obstinación. O tenderme sobre las ascuas de un dolor o una esperanza cualquiera y allí aguardar, sin hacer mucho ruido. Cierto, no me va mal: como, bebo, duermo, fornico, guardo las fiestas de guardar y en el verano voy a la playa. Las gentes me quieren y yo las quiero. Llevo con ligereza mi condición: las enfermedades, el insomnio, las pesadillas, los ratos de expansión, la idea de la muerte, el gusanito que escarba el corazón o el hígado (el gusanito que deposita sus huevecillos en el cerebro y perfora en la noche el sueño más espeso), el mañana a expensas del hoy —el hoy que nunca llega a tiempo, que pierde siempre sus apuestas—. No: renuncio a la tarjeta de racionamiento, a la cédula de identidad, al certificado de supervivencia, a la ficha de filiación, al pasaporte, al número clave, a la contraseña, a la credencial, al salvoconducto, a la insignia, al tatuaje y al herraje.

Frente a mí se extiende el mundo, el vasto mundo de los grandes, pequeños y medianos. Universo de reyes y presidentes y carceleros, de mandarines y parias y libertadores y libertos, de jueces y testigos y condenados: estrellas de primera, segunda, tercera y n magnitudes, planetas, cometas, cuerpos errantes y excéntricos o rutinarios y domesticados por las leyes de la gravedad, las sutiles leyes de la caída, todos llevando el compás, todos girando, despacio o velozmente, alrededor de una ausencia. En donde dijeron que estaba el sol central, el ser solar, el haz caliente hecho de todas las miradas humanas, no hay sino un hoyo y menos que un hoyo: el ojo de pez muerto, la oquedad vertiginosa del ojo que cae en sí mismo y se

And to fill all these white pages that are left for me with the same monotonous question: at what hour do the hours end? And the anterooms, the memorials, the intrigues, the negotiations with the Janitor, the Rotating Chairman, the Secretary, the Associate, the Delegate. To glimpse the Influential from afar and to send my card each year to remind—who?—that in some corner, devoted, steady, plodding, although not very sure of my existence, I too await the coming of my hour, I too exist. No. I quit.

Yes, I know, I could settle down in an idea, in a custom, in an obsession. Or stretch out on the coals of a pain or some hope and wait there, not making much noise. Of course it's not so bad: I eat, drink, sleep, make love, observe the marked holidays and go to the beach in summer. People like me and I like them. I take my condition lightly: sickness, insomnia, nightmares, social gatherings, the idea of death, the little worm that burrows into the heart or the liver (the little worm that leaves its eggs in the brain and at night pierces the deepest sleep), the future at the expense of today—the today that never comes on time, that always loses its bets. No. I renounce my ration card, my I.D., my birth certificate, voter's registration, passport, code number, countersign, credentials, safe conduct pass, insignia, tattoo, brand.

The world stretches out before me, the vast world of the big, the little, and the medium. Universe of kings and presidents and jailors, of mandarins and pariahs and liberators and liberated, of judges and witnesses and the condemned: stars of the first, second, third and nth magnitudes, planets, comets, bodies errant and eccentric or routine and domesticated by the laws of gravity, the subtle laws of falling, all keeping step, all turning slowly or rapidly around a void. Where they claim the central sun lies, the solar being, the hot beam made out of every human gaze, there is nothing but a hole and less than a hole: the eye of a dead fish, the giddy cavity of the eye that falls into itself and looks at itself without seeing. There is nothing with which to fill the hollow center of the whirlwind. The springs are smashed, the foundations collapsed, the visible or invisible bonds that joined one star to another, one body to another,

mira sin mirarse. Y no hay nada con que rellenar el hueco centro del torbellino. Se rompieron los resortes, los fundamentos se desplomaron, los lazos visibles o invisibles que unían una estrella a otra, un cuerpo a otro, un hombre a otro, no son sino un enredijo de alambres y pinchos, una maraña de garras y dientes que nos retuercen y mastican y escupen y nos vuelven a masticar. Nadie se ahorca con la cuerda de una ley física. Las ecuaciones caen incansablemente en sí mismas.

Y en cuanto al quehacer de ahora y al qué hacer con el ahora: no pertenezco a los señores. No me lavo las manos, pero no soy juez, ni testigo de cargo, ni ejecutor. Ni torturo, ni interrogo, ni sufro el interrogatorio. No pido a voces mi condena, ni quiero salvarme, ni salvar a nadie. Y por todo lo que no hago, y por todo lo que nos hacen, ni pido perdón ni perdono. Su piedad es tan abyecta como su justicia. ¿Soy inocente? Soy culpable. ¿Soy culpable? Soy inocente. (Soy inocente cuando soy culpable, culpable cuando soy inocente. Soy culpable cuando ... pero eso es otra canción. ¿Otra canción? Todo es la misma canción.) Culpable inocente, inocente culpable, la verdad es que abandono mi puesto.

Recuerdo mis amores, mis pláticas, mis amistades. Lo recuerdo todo, lo veo todo, veo a todos. Con melancolía, pero sin nostalgia. Y sobre todo, sin esperanza. Ya sé que es inmortal y que, si somos algo, somos esperanza de algo. A mí ya me gastó la espera. Abandono el no obstante, el aún, el a pesar de todo, las moratorias, las disculpas y los exculpantes. Conozco el mecanismo de las trampas de la moral y el poder adormecedor de ciertas palabras. He perdido la fe en todas estas construcciones de piedra, ideas, cifras. Cedo mi puesto. Yo ya no defiendo esta torre cuarteada. Y, en silencio, espero el acontecimiento.

Soplará un vientecillo apenas helado. Los periódicos hablarán de una onda fría. Las gentes se alzarán de hombros y continuarán la vida de siempre. Los primeros muertos apenas hincharán un poco más la cifra cotidiana y nadie en los servicios de estadística advertirá ese cero de más. Pero al cabo del tiempo todos empezarán a mirarse y preguntarse: ¿qué pasa? Porque durante meses van a temblar puertas y ventanas, van a crujir muebles y árboles. Durante años habrá tembladera de huesos y entrechocar de dientes, escalofrío

one man to another, are nothing but a tangle of wires and thorns, a jungle of claws and teeth that twist us and chew us and spit us out and chew us again. No one hangs himself by the rope of a physical law. The equations fall tirelessly into themselves.

And in regard to the present matter, if the present matters: I do not belong to the masters. I don't wash my hands of it, but I am not a judge, nor a witness for the prosecution, nor an executioner. I do not torture, interrogate, or suffer interrogation. I do not loudly plead for leniency, nor wish to save myself or anyone else. And for all that I don't do and for all that they do to us, I neither ask forgiveness nor forgive. Their piety is as abject as their justice. Am I innocent? I'm guilty. Am I guilty? I'm innocent. (I'm innocent when I'm guilty, guilty when I'm innocent. I'm guilty when ... but that is another song. Another song? It's all the same song.) Guilty innocent, innocent guilty, the fact is I quit.

I remember my loves, my conversation, my friendships. I remember it all, see it all, see them all. With melancholy, but without nostalgia. And above all, without hope. I know that it is immortal, and that, if we are anything, we are the hope of something. For me, expectation has spent itself. I quit the nevertheless, the even, the in spite of everything, the moratoriums, the excuses and forgiving. I know the mechanism of the trap of morality and the drowsiness of certain words. I have lost faith in all those constructions of stone, ideas, ciphers. I quit. I no longer defend this broken tower. And, in silence, I await the event.

A light breeze, slightly chilly, will start to blow. The newspapers will talk of a cold wave. The people will shrug their shoulders and continue life as always. The first deaths will barely swell the daily count, and no one in the statistics bureau will notice that extra zero. But after a while everyone will begin to look at each other and ask: what's happening? Because for months doors and windows are going to rattle, furniture and trees will creak. For years there will be a shivering in the bones and a chattering of teeth, chills and goose bumps. For years the chimneys, prophets, and chiefs will howl. The mist that hangs over stagnant ponds will drift into the city. And at noon beneath the equivocal sun, the breeze will drag the smell of dry blood from a slaughterhouse abandoned even by flies.

y carne de gallina. Durante años aullarán las chimeneas, los profetas y los jefes. La niebla que cabecea en los estanques podridos vendrá a pasearse a la cuidad. Y al mediodía, bajo el sol equívoco, el vientecillo arrastrará el olor de la sangre seca de un matadero abandonado ya hasta por las moscas.

Inútil salir o quedarse en casa. Inútil levantar murallas contra el impalpable. Una boca apagará todos los fuegos, una duda arrancará de cuajo todas las decisiones. Eso va a estar en todas partes, sin estar en ninguna. Empañará todos los espejos. Atravesando paredes y convicciones, vestiduras y almas bien templadas, se instalará en la médula de cada uno. Entre cuerpo y cuerpo, silbante; entre alma y alma, agazapado. Y todas las heridas se abrirán, porque con manos expertas y delicadas, aunque un poco frías, irritará llagas y pústulas, reventará granos e hinchazones, escarbará en las viejas heridas mal cicatrizadas. ¡Oh fuente de la sangre, inagotable siempre! La vida será un cuchillo, una hoja gris y ágil y tajante y exacta y arbitraria que cae y rasga y separa. ¡Hendir, desgarrar, descuartizar, verbos que vienen ya a grandes pasos contra nosotros!

No es la espada lo que brilla en la confusión de lo que viene. No es el sable, sino el miedo y el látigo. Hablo de lo que ya está entre nosotros. En todas partes hay temblor y cuchicheo, susurro y medias palabras. En todas partes sopla el vientecillo, la leve brisa que provoca la inmensa Fusta cada vez que se desenrolla en el aire. Y muchos ya llevan en la carne la insignia morada. El vientecillo se levanta de las praderas del pasado y se acerca trotando a nuestro tiempo.

No use going out or staying at home. No use erecting walls against the impalpable. A mouth will extinguish all the fires, a doubt will root up all the decisions. It will be everywhere without being anywhere. It will blur all the mirrors. Penetrating walls and convictions, vestments and well-tempered souls, it will install itself in the marrow of everyone. Whistling between body and body, crouching between soul and soul. And all the wounds will open because, with expert and delicate, although somewhat cold, hands, it will irritate sores and pimples, will burst pustules and swellings and dig into the old, badly healed wounds. Oh fountain of blood, forever inexhaustible! Life will be a knife, a gray and agile and cutting and exact and arbitrary blade that falls and slashes and divides. To crack, to claw, to quarter, the verbs that move with giant steps against us!

It is not the sword that shines in the confusion of what will be. It is not the saber, but fear and the whip. I speak of what is already among us. Everywhere there are trembling and whispers, insinuations and murmurs. Everywhere the light wind blows, the breeze that provokes the immense Whiplash each time it unwinds in the air. Already many carry the purple insignia in their flesh. The light wind rises from the meadows of the past, and hurries closer to our time.

Vivía entre impulsos y arrepentimientos, entre avanzar y retroceder. ¡Qué combates! Deseos y terrores tiraban hacia adelante y hacia atrás, hacia la izquierda y hacia la derecha, hacia arriba y hacia abajo. Tiraban con tanta fuerza que me inmovilizaron. Durante años tasqué el freno, como río impetuoso atado a la peña del manantial. Echaba espuma, pataleaba, me encabritaba, hinchaban mi cuello venas y arterias. En vano, las riendas no aflojaban. Extenuado, me arrojaba al suelo; látigos y acicates me hacían saltar: ¡arre, adelante!

Lo más extraño era que estaba atado a mí mismo, y por mí mismo. No me podía desprender de mí, pero tampoco podía estar en mí. Si la espuela me azuzaba, el freno me retenía. Mi vientre era un pedazo de carne roja, picada y molida por la impaciencia; mi hocico, un rictus petrificado. Y en esa inmovilidad hirviente de movimientos y retrocesos, yo era la cuerda y la roca, el látigo y la rienda.

Recluido en mí, incapaz de hacer un gesto sin recibir un golpe, incapaz de no hacerlo sin recibir otro, me extendía a lo largo de mi ser, entre el miedo y la fiebre. Así viví años. Mis pelos crecieron tanto que pronto quedé sepultado en su maleza intrincada. Allí acamparon pueblos enteros de pequeños bichos, belicosos, voraces e innumerables. Cuando no se exterminaban entre sí, me comían. Yo era su campo de batalla y su botín. Se establecían en mis orejas, sitiaban mis axilas, se replegaban en mis ingles, asolaban mis párpados, ennegrecían mi frente. Me cubrían con un manto pardusco, viviente y siempre en ebullición. Las uñas de mis pies también crecieron y nadie sabe hasta dónde habrían llegado de no presentarse las ratas. De vez en cuando me llevaba a la boca—aunque apenas podía abrirla, tantos eran los insectos que la sitiaban—un trozo de carne sin condimentar, arrancada al azar de cualquier ser viviente que se aventuraba por ahí.

Semejante régimen hubiera acabado con una naturaleza atlética —que no poseo, desgraciadamente—. Pero al cabo de algún tiempo me descubrieron los vecinos, guiados acaso por mi hedor. Sin atreverse a tocarme, llamaron a mis parientes y amigos. Hubo consejo de familia. No me desataron. Decidieron, en cambio, confiarme a un pedagogo. Él me enseñaría el arte de ser dueño de mí, el arte de ser libre de mí.

I lived between impulses and repentances, between advances and retreats. What battles! Desires and terrors pulled forward and back, to the left, to the right, pulled up, pulled down. They pulled with such force that I was immobilized. For years I bit the bridle like a fierce river tied to a boulder at its source. I foamed, I kicked, I reared, veins and arteries swelling my neck. In vain, for the reins never slackened. Exhausted, I would throw myself to the ground; spurs and whips would make me leap up again: gee up! move on!

And the strangest part was that I was tied to myself by myself. I couldn't get rid of myself, nor could I remain. If the spurs goaded me on, the bit held me back. My belly was a piece of red meat, pocked and flogged by impatience; my muzzle a petrified grimace. In that seething immobility of back and forth, I was the cord and the rock, the whip and the rein.

Shut up in myself, incapable of making a gesture without being slapped, incapable of not making one without being slapped again, I would stretch to the length of my being, between fear and fever. I lived like this for years. My hair grew so much that soon I was buried in its tangled thicket. Whole populations of insects camped there, vicious, voracious, and innumerable. When they weren't exterminating each other, they would devour me. I was their battleground and their booty. They settled in my ears, besieged my armpits, retreated to my groin, pillaged my eyelids, blackened my forehead. They covered me with a grizzly mantle, living and always seething. My toenails also grew, and who knows what length they would have reached if the rats hadn't appeared. Every once in a while I would bring to my mouth—although I could hardly open it, besieged as it was with insects—a chunk of raw meat, wrenched randomly from whatever living thing ventured there.

Such a life would have ruined even an athletic constitution—which unfortunately I do not have. But after a while my neighbors discovered me, guided perhaps by the stench. Without daring to touch me, they contacted my parents and friends. There was a family council. They didn't cut me loose. Instead, they decided to entrust me to a pedagogue. He would teach me the art of being master of myself, the art of being free of myself.

Fui sometido a un aprendizaje intenso. Durante horas y horas el profesor me impartía sus lecciones, con voz grave, sonora. A intervalos regulares el látigo trazaba zetas invisibles en el aire, largas eses esbeltas en mi piel. Con la lengua de fuera, los ojos extraviados y los músculos temblorosos, trotaba sin cesar dando vueltas y vueltas, saltando aros de fuego, trepando y bajando cubos de madera. Mi profesor empuñaba con elegancia la fusta. Era incansable y nunca estaba satisfecho. A otros podrá parecer excesiva la severidad de su método; yo agradecía aquel desvelo encarnizado y me esforzaba en probarlo. Mi reconocimiento se manifestaba en formas al mismo tiempo reservadas y sutiles, púdicas y devotas. Ensangrentado, pero con lágrimas de gratitud en los ojos, trotaba día y noche al compás del látigo. A veces la fatiga, más fuerte que el dolor, me derribaba. Entonces, haciendo chasquear la fusta en el aire polvoriento, él se acercaba y me decía con aire cariñoso: "Adelante", y me picaba las costillas con su pequeña daga. La herida y sus palabras de ánimo me hacían saltar. Con redoblado entusiasmo continuaba mi lección. Me sentía orgulloso de mi maestro y —¿por qué no decirlo?— también de mi dedicación.

La sorpresa y aun la contradicción formaban parte del sistema de enseñanza. Un día, sin previo aviso, me sacaron. De golpe me encontré en sociedad. Al principio, deslumbrado por las luces y la concurrencia, sentí un miedo irracional. Afortunadamente mi maestro estaba allí cerca, para infundirme confianza e inspirarme alientos. Al oír su voz, apenas más vibrante que de costumbre, y escuchar el conocido y alegre sonido de la fusta, recobré la calma y se aquietaron mis temores. Dueño de mí, empecé a repetir lo que tan penosamente me habían enseñado. Tímidamente al principio, pero a cada instante con mayor aplomo, salté, dancé, me incliné, sonreí, volví a saltar. Todos me felicitaron. Saludé, conmovido. Envalentonado, me atreví a decir tres o cuatro frases de circunstancia, que había preparado cuidadosamente y que pronuncié con aire distraído como si se tratara de una improvisación. Obtuve el éxito más lisonjero y algunas señoras me miraron con simpatía. Se redoblaron los cumplimientos. Volví a dar las gracias. Embriagado,

I was subjected to an intense apprenticeship. For hours and hours my teacher imparted his lessons with a grave and sonorous voice. At regular intervals his whip traced invisible Z's in the air and long slender S's on my skin. With tongue hanging, eyes popping, muscles trembling, I trotted endlessly around and around, jumping through hoops of fire, climbing and descending wooden cubes. My teacher handled his whip with style. He was tireless and never satisfied. To others the severity of his method might seem excessive, but I was grateful for that merciless vigilance, and tried hard to deserve it. My appreciation was manifested in ways both reserved and subtle, modest and devout. Bloodied, but with tears of gratitude in my eyes, I would trot day and night to the beat of his whip. At times fatigue, stronger than pain, would knock me down. Then, cracking his whip in the dusty air, he would come close to me, tenderly say, "Get moving," and stick me in the ribs with his little dagger. The wound and his encouraging words would make me leap. With redoubled enthusiasm I would continue my lesson. I was proud of my teacher and—why not say it?—proud too of my own dedication.

Surprise and even contradiction formed part of his system of learning. One day, without warning, they took me out. Suddenly I found myself in society. At first, dazzled by the lights and the crowd, I felt an irrational fear. Fortunately my teacher stayed close by to instill confidence and inspire courage. At the sound of his voice, slightly louder than usual, and the familiar and happy sound of the whip, I recovered my calm and quieted my fears. Master of myself, I began to repeat all that I had so painfully learned. Timidly at first, but more assured with every minute, I leapt, I danced, I bowed, I laughed, I leapt again. Everyone congratulated me. I waved, moved with emotion. Boldly, I attempted three or four anecdotes that I had carefully prepared and which I delivered in a distracted manner, as if they were improvised. I had a most flattering success, and a few ladies looked at me warmly. The compliments doubled. I thanked everyone again. Intoxicated, I rushed forward, arms open, leaping. My emotion was such that I wanted to embrace them all. The closest ones pulled back. I knew

corrí hacia adelante con los brazos abiertos y saltando. Tanta era mi emoción que quise abrazar a mis semejantes. Los más cercanos retrocedieron. Comprendí que debía detenerme, pues oscuramente me daba cuenta de que había cometido una grave descortesía. Era demasiado tarde. Y cuando estaba cerca de una encantadora niñita, mi avergonzado maestro me llamó al orden, blandiendo una barra de hierro con la punta encendida al rojo blanco. La quemadura me hizo aullar. Me volví con ira. Mi maestro sacó su revólver y disparó al aire. (Debo reconocer que su frialdad y dominio de sí mismo eran admirables: la sonrisa no le abandonaba jamás.) En medio del tumulto se hizo la luz en mí. Comprendí mi error. Conteniendo mi dolor, confuso y sobresaltado, masuallé excusas. Hice una reverencia y desaparecí. Mis piernas flaqueaban y mi cabeza ardía. Un murmullo me acompañó hasta la puerta.

No vale la pena recordar lo que siguió, ni cómo una carrera que parecía brillante se apagó de pronto. Mi destino es oscuro, mi vida difícil, pero mis acciones poseen cierto equilibrio moral. Durante años he recordado los incidentes de la noche funesta: mi deslumbramiento, las sonrisas de mi maestro, mis primeros éxitos, mi estúpida borrachera de vanidad y el oprobio último. No se apartan de mí los tiempos febriles y esperanzados de aprendizaje, las noches en vela, el polvillo asfixiante, las carreras y saltos, el sonido del látigo, la voz de mi maestro. Esos recuerdos son lo único que tengo y lo único que alimenta mi tedio. Es cierto que no he triunfado en la vida y que no salgo de mi escondite sino enmascarado e impelido por la dura necesidad. Mas cuando me quedo a solas conmigo y la envidia y el despecho me presentan sus caras horribles, el recuerdo de esas horas me apacigua y me calma. Los beneficios de la educación se prolongan durante toda la vida y, a veces, aún más allá de su término terrestre.

that I should stop myself, and vaguely realized that I had committed a grave discourtesy. It was too late. And when I approached a lovely little girl, my embarrassed teacher called me to order, brandishing an iron rod, its tip fired red hot. The burn made me howl. I whirled enraged. My teacher drew his revolver and fired it in the air. (I must admit that his coolness and self-control were remarkable: he never stopped smiling.) In the middle of the tumult, the truth dawned. I realized my error. Containing my pain, confused and terrified, I mumbled excuses. I paid my respects and disappeared, my legs weak, my head burning. A murmur followed me to the door.

It's not worth the effort to relate what followed, nor how a seemingly brilliant career fizzled so fast. My destiny is obscure, my life difficult, but my actions do possess a certain moral equilibrium. For years I have remembered the details of that dismal night: my confusion, the smiles of my teacher, my first successes, my stupid drunkenness of vanity, and the final shame. They never leave me, those feverish and hopeful times of apprenticeship, the sleepless nights, the fine asphyxiating dust, the tracks and hurdles, the sound of the whip, the voice of my teacher. These memories are the only things I have, the only things that feed me in my tedium. It's true I haven't triumphed in life, that I never leave my retreat unless disguised and impelled by hard necessity. But when I am alone, and envy and spite show their horrible faces, the memory of those hours pacifies and calms me. The benefits of education last a lifetime, and, sometimes, even beyond their earthly limit.

PRISA

A pesar de mi torpor, de mis ojos hinchados, de mi panza, de mi aire de recién salido de la cueva, no me detengo nunca. Tengo prisa. Siempre he tenido prisa. Día y noche zumba en mi cráneo la abeja. Salto de la mañana a la noche, del sueño al despertar, del tumulto a la soledad, del alba al crepúsculo. Inútil que cada una de las cuatro estaciones me presente su mesa opulenta; inútil el rasgueo de madrugada del canario, el lecho hermoso como un río en verano, esa adolescente y su lágrima, cortada al declinar el otoño. En balde el mediodía y su tallo de cristal, las hojas verdes que lo filtran, las piedras que niega, las sombras que esculpe. Todas estas plenitudes me apuran de un trago. Voy y vuelo, me revuelvo y me revuelco, salgo y entro, me asomo, oigo música, me rasco, medito, me digo, maldigo, cambio de traje, digo adiós al que fui, me demoro en el que seré. Nada me detiene. Tengo prisa, me voy. ¿Adónde? No sé, nada sé —excepto que no estoy en mi sitio.

Desde que abrí los ojos me di cuenta que mi sitio no estaba aquí, donde estoy, sino en donde no estoy ni he estado nunca. En alguna parte hay un lugar vacío y ese vacío se llenará de mí y yo me asentaré en ese hueco que insensiblemente rebosará de mí, pleno de mí hasta volverse fuente o surtidor. Y mi vacío, el vacío de mí que soy ahora, se llenará de sí, pleno de ser hasta los bordes.

Tengo prisa por estar. Corro tras de mí, tras de mi sitio, tras de mi hueco. ¿Quién me ha reservado este sitio? ¿Cómo se llama mi fatalidad? ¿Quién es y qué es lo que me mueve y quién y qué es lo que aguarda mi advenimiento para cumplirse y para cumplirme? No sé, tengo prisa. Aunque no me mueva de mi silla, ni me levante de la cama. Aunque dé vueltas y vueltas en mi jaula. Clavado por un nombre, un gesto, un tic, me muevo y remuevo. Esta casa, estos amigos, estos países, estas manos, esta boca, estas letras que forman esta imagen que se ha desprendido sin previo aviso de no sé dónde y me ha dado en el pecho, no son mi sitio. Ni esto ni aquello es mi sitio.

HURRY

In spite of my torpor, my puffy eyes, my paunch, my appearance of having just left the cave, I never stop. I'm in a hurry. I've always been in a hurry. Day and night a bee buzzes in my brain. I jump from morning to night, sleep to waking, crowds to solitude, dawn to dusk. It's useless that each of the four seasons offers me its opulent table; useless the canary's morning flourish, the bed lovely as a river in summer, that adolescent and her tear, cut off at the end of autumn. In vain the noon sun and its crystal stem, the green leaves that filter it, the rocks that deny it, the shadows that it sculpts. All of these splendors just speed me up. I'm off and back, cough and hack, I spin in a grin, I stomp, I'm out, I'm in, I snoop, I hear a flute, I'm deep in my mind, I itch, opine, malign, I change my suit, I say adieu to what I was, I linger longer in what will be. Nothing stops me. I'm in a hurry, I'm going. Where? I don't know, know nothing—except that I'm not where I should be.

From when I first opened my eyes I've known that my place isn't here where I am, but where I'm not and never have been. Somewhere there's an empty place, and that emptiness will be filled with me and I'll sit in that hole that will senselessly teem with me, bubble with me until it turns into a fountain or a geyser. And then my emptiness, the emptiness of the me that I now am, will fill up with itself, full to the brim with being.

I'm in a hurry to be. I run behind myself, behind my place, behind my hole. Who has reserved this place for me? What is my fate's name? Who and what is that which moves me and who and what awaits my arrival to complete itself and to complete me? I don't know. I'm in a hurry. Though I don't move from my chair, though I don't get out of bed. Though I turn and turn in my cage. Nailed by a name, a gesture, a tic, I move and remove. This house, these friends, these countries, these hands, this mouth, these letters that form this image that without warning has come unstuck from I don't know where and has hit me across the chest, these are not my place. Neither this nor that is my place.

Todo lo que me sostiene y sostengo sosteniéndome es alambrada, muro. Y todo lo salta mi prisa. Este cuerpo me ofrece su cuerpo, este mar se saca del vientre siete olas, siete desnudeces, siete sonrisas, siete cabrillas blancas. Doy las gracias y me largo. Sí, el paseo ha sido muy divertido, la conversación instructiva, aún es temprano, la función no acaba y de ninguna manera tengo la pretensión de conocer el desenlace. Lo siento: tengo prisa. Tengo ganas de estar libre de mi prisa, tengo prisa por acostarme y levantarme sin decirme: adiós, tengo prisa.

All that sustains me and that I sustain sustaining myself is a screen, a wall. My hurry leaps all. This body offers me its body, this sea pulls from its belly seven waves, seven nudes, seven whitecaps, seven smiles. I thank them and hurry off. Yes, the walk has been amusing, the conversation instructive, it's still early, the function isn't over, and in no way do I pretend to know the end. I'm sorry: I'm in a hurry. I'm anxious to get rid of my hurry. I'm in a hurry to go to bed and to get up without saying: good-by I'm in a hurry.

Apenas entramos me sentí asfixiada por el calor y estaba como entre los muertos y creo que si me quedara sola en una sala de esas me daría miedo pues me figuraría que todos los cuadros se me quedaban mirando y me daría una vergüenza muy grande y es como si fueras a un camposanto en donde todos los muertos estuvieran vivos o como si estuvieras muerta sin dejar de estar viva y lástima que no sepa contarte los cuadros ni tanta cosa de hace muchísimos siglos que es una maravilla que están como acabados de hacer ¿por qué las cosas se conservan más que las personas? imagínate ya ni sombra de los que los pintaron y los cuadros están como si nada hubiera pasado y había algunos muy lindos de martirios y degüellos de santas y niños pero estaban tan bien pintados que no me daban tristeza sino admiración los colores tan brillantes como si fueran de verdad el rojo de las flores el cielo tan azul y las nubes y los arroyos y los árboles y los colores de los trajes de todos colores y había un cuadro que me impresionó tanto que sin darme cuenta como cuando te ves en un espejo o como cuando te asomas a una fuente y te ves entre las hojas y las ramas que se reflejan en el agua entré al paisaje con aquellos señores vestidos de rojo verde amarillo y azul y que llevaban espadas y hachas y lanzas y banderas y me puse a hablar con un ermitaño barbudo que rezaba junto a su cueva y era muy divertido jugar con los animalitos que venían a hacerle compañía venados pájaros y cuervos y leones y tigres mansos y de pronto cuando iba por el prado los moros me cogían y me llevaban a una plaza en donde había edificios muy altos y puntiagudos como pinos y empezaban a martirizarme y yo empezaba a echar sangre como surtidor pero no me dolía mucho y no tenía miedo porque Dios arriba me estaba viendo y los ángeles recogían en vasos mi sangre y mientras los moros me martirizaban yo me divertía viendo a unas señoras muy elegantes que contemplaban mi martirio desde sus balcones y se reían y platicaban entre sí de sus cosas sin que les importara mucho lo que a mí me pasaba y todo el mundo tenía un aire indiferente y allá lejos había un paisaje con un labrador que araba muy tranquilo su campo con dos bueyes y un perro que saltaba junto a él y en el cielo había una multitud de pájaros volando

As soon as we went in I was suffocated by the heat and it was as though I was with the dead people and I think that if I were alone in one of those rooms it would make me afraid because I would figure that all the paintings were watching me and it would make me so ashamed and it's as though you went to a cemetery where all the dead people were living or like you were dead without having stopped living and it's a shame that I don't know how to tell you about the paintings or about so many things from so many centuries ago and it's a miracle that they look like they were just finished— why do things keep longer than people? imagine not even the shadow of those people who painted them is left and the paintings look as though nothing has happened and there were some pretty ones of martyrdoms and executions of saints and children but they were so well painted that they didn't make me sad but full of admiration the colors so bright as if it were really the red of flowers the sky so blue and the clouds and the rivers and the trees and the colors of the clothes in every color and there was one painting that made such an impression on me that without realizing like when you see yourself in a mirror or like when you look into a fountain and see yourself in the leaves and the branches that are reflected in the water I went into the landscape with those men dressed in red green yellow and blue who carried swords and axes and lances and flags and I began to talk with a bearded hermit who prayed next to his cave and it was lots of fun to play with the little animals that came to keep him company deer birds and crows and lions and tame tigers and suddenly when I was walking through the meadow the Moors grabbed me and took me to a square where there were very tall buildings and towers like pines and they began to martyr me and I began to spurt blood like a fountain but it didn't hurt very much and I wasn't afraid because God up above was watching me and the angels would gather my blood in jars and while the Moors were martyring me I had fun looking at some very elegant ladies that were watching my martyrdom from their balconies and they laughed and chatted among themselves about things without bothering much with what was happening to me and everyone

y unos cazadores vestidos de verde y de rojo y un pájaro caía traspasado por una flecha y se veían caer las plumas blancas y las gotas rojas y nadie lo compadecía y yo me ponía a llorar por el pajarito y entonces los moros me cortaban la cabeza con un alfanje muy blanco y salía de mi cuello un chorro de sangre que regaba el suelo como una cascada roja y del suelo nacían multitud de florecitas rojas y era un milagro y luego todos se iban y yo me quedaba sola en aquel campo echando sangre durante días y días y regando las flores y era otro milagro que no acabara la sangre de brotar hasta que llegaba un ángel y me ponía la cabeza otra vez pero imagínate que con la prisa me la ponía al revés y yo no podía andar sino con trabajo y para atrás lo que me cansaba mucho y como andaba para atrás pues empecé a retroceder y me fui saliendo de aquel paisaje y volví a México y me metí en el corral de mi casa en donde había mucho sol y polvo y todo el patio cubierto por unas grandes sábanas recién lavadas y puestas a secar y las criadas llegaban y levantaban las sábanas y eran como grandes trozos de nubes y el prado aparecía todo verde y cubierto de florecitas rojas que mi mamá decía que eran del color de la sangre de una Santa y yo me echaba a reír y le contaba que la Santa era yo y cómo me habían martirizado los moros y ella enojaba y decía ay Dios mío ya mi hija perdió la cabeza y a mí me daba mucha tristeza oír aquellas palabras y me iba al rincón oscuro del castigo y me mordía los labios con rabia porque nadie me creía y cuando estaba pegada a la pared deseando que mi mamá y las criadas se murieran la pared se abrió y yo estaba al pie de un pirú que estaba junto a un río seco y había unas piedras grandes que brillaban al sol y una lagartija me veía con su cabecita alargada y corría de pronto a esconderse y en la tierra veía otra vez mi cuerpo sin cabeza y mi tronco ya estaba cicatrizado y sólo le escurría un hilo de sangre que formaba un charquito en el polvo y a mí me daba lástima y espantaba las moscas del charquito y echaba unos puñados de tierra para ocultarla y que los perros no pudieran lamerla y entonces me puse a buscar mi cabeza y no aparecía y no podía ni siquiera llorar y como no había nadie en aquel paraje me eché a andar por un llano inmenso y amarillo buscando mi cabeza hasta que llegué a un jacal de adobe y me encontré a un indito que allí vivía y le pedí un poco de agua por caridad y el viejito me dijo

seemed bored and far-off there was a landscape with a farmer who peacefully ploughed his land with two oxen and a dog that jumped next to him and in the sky there were a million flying birds and some hunters dressed in green and red and a bird was falling shot by an arrow and you could see the white feathers fall and the red drops and no one pitied it and I began to cry for the little bird and then the Moors cut my head off with a white scimitar and a jet of blood burst from my neck and spilled on the ground like a red waterfall and from the ground a million red flowers shot up and it was a miracle and then everyone was leaving and I was left alone in that field spurting blood for days and days watering the flowers and it was another miracle that my blood never stopped gushing until an angel came and put my head on again but imagine in the rush he put it on backward and I could barely walk and only backward which made me tired and I walked backward and left that landscape and went back to Mexico and I found myself in the back yard of my house where there was so much sun and dust and the whole patio was covered with big sheets just washed and left out to dry and the maids came and shook the sheets and they were like giant pieces of clouds and the meadow was all green and covered with red flowers that my mama said were the color of the blood of a Saint and I began to laugh and I told her that the Saint was me and how the Moors had martyred me and she got angry and said oh God my little girl has lost her head and it made me sad to hear those words and I went to the punishment corner and bit my lips with anger because no one believed me and when I was stuck to the wall wishing that my mama and the maids were dead the wall opened and I was at the foot of a pepper tree that was next to a dry river and there were big rocks that shined in the sun and a lizard looked at me with its little head stretched out and suddenly ran to hide and on the ground I saw again my body without my head and my body was already scarred and only a little blood trickled out which made a little puddle in the dust and it made me sad and I frightened away the flies from the little puddle and threw some handfuls of dirt to hide it so the dogs couldn't lick it and then I began to look for my head and it wasn't anywhere and I couldn't even cry and since there wasn't anybody in that place I

el agua no se niega a un cristiano y me dio agua en una jarra colorada que estaba muy fresca pero no podía beberla porque no tenía cabeza y el indito me dijo no se apure niña yo aquí tengo unas de repuesto y empezó a sacar de unos huacales que tenía junto a la puerta su colección de cabezas pero ninguna me venía unas eran muy grandes otras muy chicas y había de viejos hombres y de mujeres pero ninguna me gustaba y después de probar muchas me enojé y empecé a darles de patadas a todas las cabezas y el indito me dijo no se amuine niña vamos al pueblo a cortar una cabeza que le acomode y yo me puse muy contenta y el indito sacó de su casa un hacha de monte de cortar leña y empezamos a caminar y luego de muchas vueltas llegamos al pueblo y en la plaza había una niña que estaban martirizando unos señores vestidos de negro como si fueran a un entierro y uno de ellos leía un discurso como en el Cinco de Mayo y había muchas banderas mexicanas y en el kiosco tocaban una marcha y era como una feria había montones de cacahuates y de jícamas y cañas de azúcar y cocos y sandías y toda la gente compraba y vendía menos un grupo que oía al señor del discurso mientras los soldados martirizaban a la niña y arriba por un agujero Dios lo veía todo y la niña estaba muy tranquila y entonces el indito se abrió paso y cuando todos estaban descuidados le cortó la cabeza a la niña y me la puso y me quedó muy bien y yo di un salto de alegría porque el indito era un ángel y todos me miraban y yo me fui saltando entre los aplausos de la gente y cuando me quedé sola en el jardín de mi casa me puse un poco triste pues me acordaba de la niña que le cortaron la cabeza. Ojalá que ella se la pueda cortar a otra niña para que pueda tener cabeza como yo.

began to walk over an enormous yellow plain looking for my head until I found an adobe hut and I met an Indian who lived there and I asked him for a little water for charity and the old man told me that water is never denied a Christian and he gave me water in a red jar that was very cold but I couldn't drink it because I didn't have a head and the Indian said don't worry little girl I have some spares right here and he began to take his head collection out of some boxes he had by the door but none of them fit me some were too big some too little and they were old men and women and I didn't like any and after trying a lot I got mad and started to kick all the heads and the Indian said don't worry little girl let's go to the village to cut off a head that will fit you and I was very happy and the Indian took a big ax for cutting wood from his house and we began to walk and after a long time we came to the village and in the square there was a girl who was being martyred and some men dressed in black as though it was a burial and one of them read a speech like on National Day and there were a lot of Mexican flags and in the bandstand they played a march and it was like a fair there were piles of peanuts and jicamas and sugar cane and coconuts and watermelons and everybody bought and sold stuff except for a group that was listening to the man while the soldiers martyred the girl and up there through the opening God saw everything and the girl was very calm and then the Indian sneaked around and when no one was looking he cut off the girl's head and put it on me and it fit very well and I jumped for joy because the Indian was an angel and everybody was looking at me and applauded and I went skipping away and when I was alone in the garden of my house I became a little sad because I remembered the girl who had her head cut off. I hope she can cut one off another girl so she can have a head like me.

¿Águila o sol ?/Eagle or sun ?

JARDÍN CON NIÑO

A tientas, me adentro. Pasillos, puertas que dan a un cuarto de hotel, a una interjección, a un páramo urbano. Y entre el bostezo y el abandono, tú, intacto, verdor sitiado por tanta muerte, jardín revisto esta noche. Sueños insensatos y lúcidos, geometría y delirio entre altas bardas de adobe. La glorieta de los pinos, ocho testigos de mi infancia, siempre de pie, sin cambiar nunca de postura, de traje, de silencio. El montón de pedruscos de aquel pabellón que no dejó terminar la guerra civil, lugar amado por la melancolía y las lagartijas. Los yerbales, con sus secretos, su molicie de verde caliente, sus bichos agazapados y terribles. La higuera y sus consejas. Los adversarios: el floripondio y sus lámparas blancas frente al granado, candelabro de joyas rojas ardiendo en pleno día. El membrillo y sus varas flexibles, con las que arrancaba ayes al aire matinal. La lujosa mancha de vino de la bugambilia sobre el muro inmaculado, blanquísimo. El sitio sagrado, el lugar infame, el rincón del monólogo: la orfandad de una tarde, los himnos de una mañana, los silencios, aquel día de gloria entrevista, compartida.

Arriba, en la espesura de las ramas, entre los claros del cielo y las encrucijadas de los verdes, la tarde se bate con espadas transparentes. Piso la tierra recién llovida, los olores ásperos, las yerbas vivas. El silencio se yergue y me interroga. Pero yo avanzo y me planto en el centro de mi memoria. Aspiro largamente el aire cargado de porvenir. Vienen oleadas de futuro, rumor de conquistas, descubrimientos y esos vacíos súbitos con que prepara lo desconocido sus irrupciones. Silbo entre dientes y mi silbido, en la limpidez admirable de la hora, es un látigo alegre que despierta alas y echa a volar profecías. Y yo las veo partir hacia allá, al otro lado, a donde un hombre encorvado escribe trabajosamente, en camisa, entre pausas furiosas, estos cuantos adioses al borde del precipicio.

Uncertainly, I enter. Corridors, doors that open on a hotel room, on an interjection, on an urban desert. And between the yawn and the sorrow, you, intact, foliage beseiged by so much death, garden seen again tonight. Senseless and lucid dreams, geometry and delirium between high walls of adobe. The arbor of pines, eight witnesses to my childhood, always standing, never changing their posture, their dress, their silence. The pile of stones for the pavilion that the civil war kept unfinished, a place loved by melancholy and the lizards. The tall grasses with their secrets, their hot green softness, their crouching, terrifying bugs. The fig tree with its fables. The enemies: the magnolia with its white lamps in front of the pomegranate tree, candelabra of red jewels burning in the full sun. The quince and its elastic branches that drew sighs from the morning air. The rich wine stain of the bougainvillea on the immaculate, so very white, wall. The sacred place, the infamous site, the corner of the monologue: the orphanage of an afternoon, the hymns of a morning, the silences, that day of a paradise glimpsed and shared.

Above, in the thickness of the branches, between the gaps of sky and the crossroads of green, the afternoon battles with transparent swords. I step on newly rained earth, the smells sharp, the grass vivid. Silence stands erect and questions me. But I move forward, and plant myself in the center of my memory. I breathe deeply this air charged with things to come. Swells of the future approach, rumors of conquests, discoveries and those sudden voids with which the unknown prepares its invasions. I whistle between my teeth, and my whistle, in the admirable clarity of the hour, is a happy whiplash that wakens wings and starts prophecies flying. And I watch them leave for *there*, for the other side, where a hunched man in shirt sleeves laboriously writes, between furious pauses, those few good-bys from the brink of the precipice.

La noche extrae de su cuerpo una hora y otra. Todas diversas y solemnes. Uvas, higos, dulces gotas de negrura pausada. Fuentes: cuerpos. Entre las piedras del jardín en ruinas el viento toca el piano. El faro alarga el cuello, gira, se apaga, exclama. Cristales que empaña un pensamiento, suavidades, invitaciones: noche, hoja inmensa y luciente, desprendida del árbol invisible que crece en el centro del mundo.

Y al dar la vuelta, las Apariciones: la muchacha que se vuelve un montón de hojas secas si la tocas; el desconocido que se arranca la máscara y se queda sin rostro, viéndote fijamente; la bailarina que da vueltas sobre la punta de un grito; el ¿quién vive?, el ¿quién eres?, el ¿dónde estoy?; la joven que avanza como un rumor de pájaros; el torreón derruido de ese pensamiento inconcluso, abierto contra el cielo como un poema partido en dos ... No, ninguna es la que esperas, la dormida, la que te espera en los repliegues de su sueño.

Y al dar la vuelta, terminan los Verdores y empiezan las piedras. No hay nada, no tienes nada que darle al desierto: ni una gota de agua ni una gota de sangre. Con los ojos vendados avanzas por corredores, plazas, callejas donde conspiran tres estrellas astrosas. El río habla en voz baja. A tu izquierda y derecha, atrás y adelante, cuchicheos y risas innobles. El monólogo te acecha a cada paso, con sus exclamaciones, sus signos de interrogación, sus nobles sentimientos, sus puntos sobre las íes en mitad de un beso, su molino de lamentos y su repertorio de espejos rotos. Prosigue: nada tienes que decirte a ti mismo.

Night draws from its body one hour after another. Each different, each solemn. Grapes, figs, sweet drops of quiet blackness. Fountains: bodies. Wind plays the piano among the stones of the ruined garden. The lighthouse stretches its neck, turns, goes out, cries out. Crystals a thought dims, softness, invitations: night, immense and shining leaf plucked from the invisible tree that grows at the center of the world.

Around the corner, Apparitions: the girl who becomes a pile of withered leaves if you touch her; the stranger who pulls off his mask and remains faceless, fixedly staring at you; the ballerina who spins on the point of a scream; the who goes there?, the who are you?, the where am I?; the girl who moves like a murmur of birds; the great tower destroyed by inconclusive thought, open to the sky like a poem split in two ... No, none of these is the one you wait for, the sleeper who waits for you in the folds of her dream.

Around the corner, Plants end and stones begin. There is nothing, nothing you can give the desert, not a drop of water, not a drop of blood. You move with bandaged eyes through corridors, plazas, alleys where three vile stars conspire. The river speaks softly. To your left, to your right, ahead, behind: whispers and cruel laughter. The monologue traps you at every step with its exclamations, its question marks, its noble sentiments, its dots over the i's in the middle of a kiss, its mill of laments, its repertory of broken mirrors. Go on: there's nothing you can say to yourself.

ERALABÁN

Engendros ataviados me sonríen desde lo alto de sus principios. La señora de las plumas turquesa me alancea el costado; otros caballeros me aturden con armas melladas. No basta esa falta de sintaxis que brilla como un pico de ámbar entre las ramas de una conversación demasiado frondosa, ni la frase que salta y a la que inútilmente detengo por la cola mientras le doy unos mendrugos de tontería. En vano busco en mis bolsillos las sonrisas, las objeciones, los asentimientos. Entre tantas simplezas extraigo de pronto una palabra que inventaste hace mucho, todavía viva. El instante centellea, piña de luz, penacho verde.

¡Eralabán, sílabas arrojadas al aire una tarde, constelación de islas en mitad de un verano de vidrio! Allá el lenguaje consiste en la producción de objetos hermosos y transparentes y la conversación es un intercambio de regalos, el encuentro feliz entre dos desconocidos hechos el uno para el otro, un insólito brotar de imágenes que cristalizan en actos. Idioma de vocales de agua entre hojas y peñas, marea cargada de tesoros. Entre las yerbas oscuras, al alcance de todos los paseantes, hay anillos fosforescentes, blancuras henchidas de sí mismas como un puñado de sal virgen, palabras tensas hechas de la misma materia vibrante con que hacen una pausa entre dos acordes. Allá el náufrago olvida amigos, patria y lengua natal. Pero si alguien lo descubre paseándose melancólico a la orilla, inmediatamente lo llevan al puerto y lo devuelven a su tierra, con la lengua cortada. Los isleños temen que la lepra de la memoria disgregue todos esos palacios de hielo que la fiebre construye.

Eralabán, sílabas que brillan en la cima de la ola nocturna, golpe de viento que abre una ventana cerrada hace un siglo, dedos que pulsan a la orilla de lo inesperado el arpa del Nunca.

Atado de pies y manos regreso a mis interlocutores, caníbales que me devoran sin mucha ceremonia.

Gaudy monsters smile at me from the peaks of their principles. The turquoise-feathered lady spears my side. The other gentlemen stun me with toothless weapons. This lack of syntax that shines like an amber beak in the branches of an all-too-leafy conversation is not enough, nor is the leaping phrase I uselessly grab by the tail to feed crumbs of nonsense. In vain I search through my pockets for smiles, objections, consents. Suddenly, from among the many simplicities, I pull out a word, still living, that you invented a long time ago. The moment sparkles, pine cone of light, green plumage.

Eralabán, syllables thrown to the wind one day, constellation of islands in the middle of a summer of glass. There language consists of the production of pretty and transparent objects, conversation is an exchange of gifts, the happy meeting of two strangers who are made for each other, an unusual budding of images that crystallize into acts. A vowel-language of water between leaves and rocks, tide full of treasures. Phosphorescent rings among the dark grasses, within reach of all, whitenesses filled with themselves like a fistful of virgin salt, tense words made from the same living stuff as a pause between two chords. There the shipwrecked man forgets his friends, country, and native tongue. But if someone finds him, walking melancholy on the beach, they immediately return him to his homeland with his tongue cut out, for the islanders fear that memory's leprosy will thaw all those palaces of ice that fever builds.

Eralabán, syllables that shine on the crest of the night wave, gust of wind that opens a window closed for a century, fingers that play the harp of Never by the shore of the unexpected.

Hands and feet tied, I return to my interlocutors, cannibals who devour me without much ceremony.

SALIDA

Al cabo de tanta vigilia, de tanto roer silogismos, de habitar tantas ruinas y razones en ruinas, salgo al aire. Busco un contacto. Y desde ese trampolín me arrojo, cabeza baja, ojos abiertos, a ¿dónde? Al pozo, el espejo, la mierda. (¡Oh belleza, duro resplandor que rechaza!) No; caer, caer en otros ojos. Agua de ojos, río amarillo, río verde, ay, caída sin fin en unos ojos translúcidos, en un río de ojos abiertos, entre dos hileras de pestañas como dos bosques de lanzas frente a frente, en espera del clarín de ataque ... Río abajo he de perderme, he de volver a lo oscuro. Cierra, amor mío, cierra esos ojos tan repletos de insignificancias terribles: funcionarios que decretan suspender la circulación de la sangre, cirujanos dentistas que extraen los dientes de la noche, maestras, monjas, curas, presidentes, gendarmes ... Como la selva se cierra sobre sí misma y borra los senderos que conducen a su centro magnético, cierra los ojos, cierra el paso a tantas memorias que se agolpan a la entrada de tu alma y tiranizan tu frente.

Ven, amor mío, ven a cortar relámpagos en el jardín nocturno. Toma este ramo de centellas azules, ven a arrancar conmigo unas cuantas horas incandescentes a este bloque de tiempo petrificado, única herencia que nos dejaron nuestros padres. En el cuello de ave de la noche eres un collar de sol. Por un cielo de intraojos desplegamos nuestras alas, águila bicéfala, cometa de cauda de diamante y gemido. Arde, candelabro de ocho brazos, árbol vivo que canta, raíces enlazadas, ramas entretejidas, copa donde pían pájaros de coral y de brasa. Todo es tanto su ser que ya es otra cosa.

Y peso palabras preciosas, palabras de amor, en la balanza de este ahora. Una sola frase de más a estas alturas bastaría para hundirnos de aquel lado del tiempo.

EXIT

After so much watching, so much gnawing at syllogisms, living in so many ruins and ruined reasons, I'm going out into the fresh air. I'm looking for a contact. I leap from the trampoline, head down, eyes open, to—where? To the pit, the mirror, the shit. (Oh beauty, hard, repelling splendor!) No: to fall, to fall into other eyes. Water of eyes, yellow river, green river, the endless falling in translucent eyes, in a river of open eyes between two rows of lashes like twin forests of facing lances waiting for the call to attack ... I must lose myself down river, I must return to darkness. My love, close those eyes so full of terrible insignificance: petty officials who decree an end to the circulation of blood, dental surgeons who extract the night's teeth, teachers, nuns, priests, presidents, policemen ... As the jungle closes over itself and erases the trails that lead to its magnetic center, close your eyes, close the path to all those memories that beat at the entrance to your soul and tyrannize your mind.

My love, come and cut lightning in the night garden. Take this branch of blue sparks, come pluck some incandescent hours from this block of petrified time, the only legacy our parents left us. You are a necklace of sun on the neck of the bird of night. We spread our wings, two-headed eagle, through a sky of inner eyes, comet with a train of diamonds and lamentation. Burn, eight-branched candelabra, living tree that sings, tangled roots, twining branches, cup where birds of coral and burning coals trill. Everything is so much itself, it already is something else.

I weigh precious words, words of love, in the balance of this present. At these heights a single sentence more would be enough to sink us on that side of time.

El hormiguero hace erupción. La herida abierta borbotea, espumea, se expande, se contrae. El sol a estas horas no deja nunca de bombear sangre, con las sienes hinchadas, la cara roja. Un niño —ignorante de que en un recodo de la pubertad lo esperan unas fiebres y un problema de conciencia— coloca con cuidado una piedrecita en la boca despellejada del hormiguero. El sol hunde sus picas en las jorobas del llano, humilla promontorios de basura. Resplandor desenvainado, los reflejos de una lata vacía —erguida sobre una pirámide de piltrafas— acuchillan todos los puntos del espacio. Los niños buscadores de tesoros y los perros sin dueño escarban en el amarillo esplendor del pudridero. A trescientos metros la iglesia de San Lorenzo llama a misa de doce. Adentro, en el altar de la derecha, hay un santo pintado de azul y rosa. De su ojo izquierdo brota un enjambre de insectos de alas grises, que vuelan en línea recta hacia la cúpula y caen, hechos polvo, silencioso derrumbe de armaduras tocadas por la mano del sol. Silban las sirenas de las torres de las fábricas. Falos decapitados. Un pájaro vestido de negro vuela en círculos y se posa en el único árbol vivo del llano. Después … No hay después. Avanzo, perforo grandes rocas de años, grandes masas de luz compacta, desciendo galerías de minas de arena, atravieso corredores que se cierran como labios de granito. Y vuelvo al llano, al llano donde siempre es mediodía, donde un sol idéntico cae fijamente sobre un paisaje detenido. Y no acaban de caer las doce campanadas, ni de zumbar las moscas, ni de estallar en astillas este minuto que no pasa, que sólo arde y no pasa.

The anthill erupts. The open wound gushes, foams, expands, contracts. The sun at these times never stops pumping blood, temples swollen, face red. A boy—unaware that, in some corner of puberty, fevers and a problem of conscience await him—carefully places a small stone on the flayed mouth of the anthill. The sun buries its lances in the humps of the plain, crushing promontories of garbage. Splendor unsheathed, the reflections from an empty can—high on a pyramid of scraps—pierce every point of space. Treasure-hunting children and stray dogs poke in the yellow radiance of the rot. A thousand feet away, the church of San Lorenzo calls the twelve o'clock Mass. Inside, on the altar to the right, there is a saint painted blue and pink. From his left eye stream gray-winged insects that fly in a straight line to the dome and fall, turned to dust, a silent landslide of armor touched by the sun's hand. Whistles blow in the towers of the factories. Decapitated pricks. A bird, dressed in black, flies in circles and rests on the only living tree on the plain. And then ... There is no then. I move forward, I pierce great rocks of years, great masses of compacted light, I go down into galleries of mines of sand, I travel corridors that close on themselves like granite lips. And I return to the plain, to the plain where it is always noon, where an identical sun shines fixedly on an unmoving landscape. And the ringing of the twelve bells never stops, nor the buzzing of the flies, nor the explosion of this minute that never passes, that only burns and never passes.

EXECRACIÓN

Esta noche he invocado a todas las potencias. Nadie acudió. Caminé calles, recorrí plazas, interrogué puertas, estrujé espejos. Desertó mi sombra, me abandonaron los recuerdos.

(La memoria no es lo que recordamos, sino lo que nos recuerda. La memoria es un presente que nunca acaba de pasar. Acecha, nos coge de improviso entre sus manos de humo que no sueltan, se desliza en nuestra sangre: el que fuimos se instala en nosotros y nos echa afuera. Hace mil años, una tarde, al salir de la escuela, escupí sobre mi alma; y ahora mi alma es el lugar infame, la plazuela, los fresnos, el muro ocre, la tarde interminable en que escupo sobre mi alma. Nos vive un presente inextinguible e irreparable. Ese niño apedreado, ese sexo femenino como una grieta que fascina, ese adolescente que acaudilla un ejército de pájaros al asalto del sol, esa grúa esbelta de fina cabeza de dinosaurio inclinándose para devorar un transeúnte, a ciertas horas me expulsan de mí, viven en mí, me viven. No esta noche.)

¿A qué grabar con un cuchillo mohoso signos y nombres sobre la corteza de la noche? Las primeras olas de la mañana borran todas esas estelas. ¿A quién invocar a estas horas y contra quién pronunciar exorcismos? No hay nadie arriba, ni abajo; no hay nadie detrás de la puerta, ni en el cuarto vecino, ni fuera de la casa. No hay nadie, nunca ha habido nadie, nunca habrá nadie. No hay yo. Y el otro, el que me piensa, no me piensa esta noche. Piensa otro, se piensa. Me rodea un mar de arena y de miedo, me cubre una vegetación de arañas, me paseo en mí mismo como un reptil entre piedras rotas, masa de escombros y ladrillos sin historia. El agua del tiempo escurre lentamente en esta oquedad agrietada, cueva donde se pudren todas las palabras ateridas.

Tonight I invoked all the powers. No one answered. I walked streets, crossed plazas, knocked on doors, smashed mirrors. My shadow deserted, memories abandoned me.

(Memory is not what we remember, but that which remembers us. Memory is a present that never stops passing. It waits in hiding and suddenly grabs us with hands of smoke that never loosen their grip. It slips into our blood: he who we were is planted in us and throws us out. A thousand years ago, one afternoon when leaving school, I spat on my soul, and now my soul is that infamous place, the little square, the ash trees, the ocher wall, the endless afternoon in which I spit on my soul. A perpetual and irreparable present lives within us. That child pelted by stones, that female sex like a fascinating cleft, that adolescent who commands an army of birds to assault the sun, that tall crane with the small dinosaur head bending to devour a passer-by: at times they expel me from myself, they live within me, they live me. But not tonight.)

Why carve signs and names with a rusty knife on the bark of night? The first waves of morning erase all these tracks. Whom can I invoke at this hour, and against whom chant exorcisms? There is no one above nor below, no one behind the door, in the next room, outside the house. There is no one, there has never been anyone, there never will be anyone. There is no I. And the other, he who thinks me, does not think me tonight. He thinks another, he thinks himself. I am circled by a sea of sand and fear, covered with a growth of spiders. I travel through myself like a reptile between broken stones, mass of debris and bricks without history. The water of time drips slowly in this cracked hollow, cave where all the stiff words rot.

MAYÚSCULA

Flamea el desgañicresterío del alba. ¡Primer huevo, primer picoteo, degollina y alborozo! Vuelan plumas, despliegan alas, hinchan velas, hunden remos en la madrugada. Ah, luz sin brida, encabritada luz primera. Derrumbes de cristales irrumpen del monte, témpanos rompetímpanos se quiebran en mi frente.

No sabe a nada, no huele a nada la alborada, la niña todavía sin nombre, todavía sin rostro. Llega, avanza, titubea, se va por las afueras. Deja una cola de rumores que abren los ojos. Se pierde en ella misma. Y el día aplasta con su gran pie colérico una estrella pequeña.

MARIPOSA DE OBSIDIANA*

Mataron a mis hermanos, a mis hijos, a mis tíos. A la orilla del lago de Texcoco me eché a llorar. Del Peñón subían remolinos de salitre. Me cogieron suavemente y me depositaron en el atrio de la Catedral. Me hice tan pequeña y tan gris que muchos me confundieron con un montoncito de polvo. Sí, yo misma, la madre del pedernal y de la estrella, yo, encinta del rayo, soy ahora la pluma azul que abandona el pájaro en la zarza. Bailaba, los pechos en alto y girando, girando, girando hasta quedarme quieta; entonces empezaba a echar hojas, flores, frutos. En mi vientre latía el águila. Yo era la montaña que engendra cuando sueña, la casa del fuego, la olla primordial donde el hombre se cuece y se hace hombre. En la noche de las palabras degolladas mis hermanas y yo, cogidas de la mano, saltamos y cantamos alrededor de la I, única torre en pie del alfabeto arrasado. Aún recuerdo mis canciones:

> *Canta en la verde espesura*
> *la luz de garganta dorada,*
> *la luz, la luz decapitada.*

* Mariposa de Obsidiana: *Itzpapálotl*, diosa a veces confundida con *Teteoinan*, nuestra madre, y *Tonatzin*. Todas estas divinidades femeninas se han fundido en el culto que desde el siglo XVI se profesa a la Virgen de Guadalupe.

98

CAPITAL

The screaming crest of dawn flames. First egg, first peck, decapitation and delight! Feathers fly, wings spread, sails swell, and wing-oars dip in the sunrise. Oh unreined light, first light rearing. Landslides of crystals burst from the mountain, tympanum-tamping timpani explode in my head.

Tastes nothing, scents nothing, the dawn, girl still nameless, faceless still. Arrives, moves forward, pauses, heads for the outskirts. Leaves a train of murmurs that open eyes. Becomes lost in herself. The day with its hasty foot crushes a small star.

OBSIDIAN BUTTERFLY*

They killed my brothers, my children, my uncles. On the banks of Lake Texcoco I began to weep. Whirlwinds of saltpeter rose from Peñon hill, gently picked me up, and left me in the courtyard of the Cathedral. I made myself so small and gray that many mistook me for a pile of dust. Yes I, mother of flint and star, I, bearer of the ray, am now but a blue feather that a bird loses in the brambles. Once, I would dance, my breasts high and turning, turning, turning until I became still, and then I would sprout leaves, flowers, fruit. The eagle throbbed in my belly. I was the mountain that creates you as it dreams, the house of fire, the primordial pot where man is cooked and becomes man. In the night of the decapitated words my sisters and I, hand in hand, leapt and sang around the I, the only standing tower in the razed alphabet. I still remember my songs:

> *Light, headless light*
> *Golden-throated light*
> *Sings in the thicket green*

* Obsidian butterfly: *Itzpapálotl*, goddess sometimes confused with *Teteoinan*, our mother, and *Tonatzin*. All of these female divinities were fused in the cult that, since the sixteenth century, has been worshiping the Virgin of Guadalupe.

Nos dijeron: una vereda derecha nunca conduce al invierno. Y ahora las manos me tiemblan, las palabras me cuelgan de la boca. Dame una sillita y un poco de sol.

En otros tiempos cada hora nacía del vaho de mi aliento, bailaba un instante sobre la punta de mi puñal y desparecía por la puerta resplandeciente de mi espejito. Yo era el mediodía tatuado y la medianoche desnuda, el pequeño insecto de jade que canta entre las yerbas del amanecer y el zenzontle de barro que convoca a los muertos. Me bañaba en la cascada solar, me bañaba en mí misma, anegada en mi propio resplandor. Yo era el pedernal que rasga la cerrazón nocturna y abre las puertas del chubasco. En el cielo del Sur planté jardines de fuego, jardines de sangre. Sus ramas de coral todavía rozan la frente de los enamorados. Allá el amor es el encuentro en mitad del espacio de dos aerolitos y no esa obstinación de piedras frotándose para arrancarse un beso que chisporrotea.

Cada noche es un párpado que no acaban de atravesar las espinas. Y el día no acaba nunca, no acaba nunca de contarse a sí mismo, roto en monedas de cobre. Estoy cansada de tantas cuentas de piedra desparramadas en el polvo. Estoy cansada de este solitario trunco. Dichoso el alacrán madre, que devora a sus hijos. Dichosa la araña. Dichosa la serpiente, que muda de camisa. Dichosa el agua que se bebe a sí misma. ¿Cuándo acabarán de devorarme estas imágenes? ¿Cuándo acabaré de caer en esos ojos desiertos?

Estoy sola y caída, grano de maíz desprendido de la mazorca del tiempo. Siémbrame entre los fusilados. Naceré del ojo del capitán. Lluéveme, asoléame. Mi cuerpo arado por el tuyo ha de volverse un campo donde se siembra uno y se cosecha ciento. Espérame al otro lado del año: me encontrarás como un relámpago tendido a la orilla del otoño. Toca mis pechos de yerba. Besa mi vientre, piedra de sacrificios. En mi ombligo el remolino se aquieta: yo soy el centro fijo que mueve la danza. Arde, cae en mí: soy la fosa de cal viva que cura los huesos de su pesadumbre. Muere en mis labios. Nace en mis ojos. De mi cuerpo brotan imágenes: bebe en esas aguas y recuerda lo que olvidaste al nacer. Yo soy la herida que no cicatriza, la pequeña piedra solar: si me rozas, el mundo se incendia.

Toma mi collar de lágrimas. Te espero en ese lado del tiempo en donde la luz inaugura un reinado dichoso: el pacto de los gemelos enemigos, el agua que escapa entre los dedos y el hielo, petrificado como un rey en su orgullo. Allí abrirás mi cuerpo en dos, para leer las letras de tu destino.

They told us: the straight path never leads to winter. And now my hands tremble, the words are caught in my throat. Give me a chair and a little sun.

In other times, every hour was born from the vapor of my breath, danced a while on the point of my dagger, and disappeared through the shining door of my hand mirror. I was the tattooed noon and naked midnight, the little jade insect that sings in the grass at dawn, and the clay nightingale that summons the dead. I bathed in the sun's waterfall, I bathed in myself, soaked in my own splendor. I was the flint that rips the storm clouds of night and opens the doors of the showers. I planted gardens of fire, gardens of blood, in the Southern sky. Its coral branches still graze the foreheads of lovers. There love is the meeting of two meteors in the middle of space, and not this obstinacy of rocks rubbing each other to ignite a sparking kiss.

Each night is an eyelid the thorns never stop piercing. And the day never ends, never stops counting itself, broken into copper coins. I am tired of so many stone beads scattered in the dust. I am tired of this unfinished solitaire. Lucky the mother scorpion who devours her young. Lucky the spider. Lucky the snake that sheds its skin. Lucky the water that drinks itself. When will these images stop devouring me? When will I stop falling in those empty eyes?

I am alone and fallen, grain of corn pulled from the ear of time. Sow me among the battle dead. I will be born in the captain's eye. Rain down on me, give me sun. My body, plowed by your body, will turn into a field where one is sown and a hundred reaped. Wait for me on the other side of the year: you will meet me like a lightning flash stretched to the edge of autumn. Touch my grass breasts. Kiss my belly, sacrificial stone. In my navel the whirlwind grows calm: I am the fixed center that moves the dance. Burn, fall into me: I am the pit of living lime that cures the bones of their afflictions. Die in my lips. Rise from my eyes. Images gush from my body: drink in these waters and remember what you forgot at birth. I am the wound that does not heal, the small solar stone: if you strike me, the world will go up in flames.

Take my necklace of tears. I wait for you on this side of time where light has inaugurated a joyous reign: the covenant of the enemy twins, water, that escapes between our fingers, and ice, petrified like a king in his pride. There you will open my body to read the inscription of your fate.

LA HIGUERA

En Mixcoac, pueblo de labios quemados, sólo la higuera señalaba los cambios del año. La higuera, seis meses vestida de un sonoro vestido verde y los otros seis carbonizada ruina del sol de verano.

Encerrado en cuatro muros (al norte, el cristal del no saber, paisaje por inventar; al sur, la memoria cuarteada; al este, el espejo; al oeste, la cal y el canto del silencio) escribía mensajes sin respuesta, destruidos apenas firmados. Adolescencia feroz: el hombre que quiere ser, y que ya no cabe en ese cuerpo demasiado estrecho, estrangula al niño que somos. (Todavía, al cabo de los años, el que voy a ser, y que no será nunca, entra a saco en el que fui, arrasa mi estar, lo deshabita, malbarata riquezas, comercia con la Muerte.) Pero en ese tiempo la higuera llegaba hasta mi encierro y tocaba insistente los vidrios de la ventana, llamándome. Yo salía y penetraba en su centro: sopor visitado de pájaros, vibraciones de élitros, entrañas de fruto goteando plenitud.

En los días de calma la higuera era una petrificada carabela de jade, balanceándose imperceptiblemente, atada al muro negro, salpicado de verde por la marea de la primavera. Pero si soplaba el viento de marzo, se abría paso entre la luz y las nubes, hinchadas las verdes velas. Yo me trepaba a su punta y mi cabeza sobresalía entre las grandes hojas, picoteada de pájaros, coronada de vaticinios.

¡Leer mi destino en las líneas de la palma de una hoja de higuera! Te prometo luchas y un gran combate solitario contra un ser sin cuerpo. Te prometo una tarde de toros y una cornada y una ovación. Te prometo el coro de los amigos, la caída del tirano y el derrumbe del horizonte. Te prometo el destierro y el desierto, la sed y el rayo que parte en dos la roca: te prometo el chorro de agua. Te prometo la llaga y los labios, un cuerpo y una visión. Te prometo una flotilla navegando por un río turquesa, banderas y un pueblo libre a la orilla. Te prometo unos ojos inmensos, bajo cuya luz has de tenderte, árbol fatigado. Te prometo el hacha y el arado, la espiga y el canto, te prometo grandes nubes, canteras para el ojo, y un mundo por hacer.

Hoy la higuera golpea en mi puerta y me convida. ¿Debo coger el hacha o salir a bailar con esa loca?

In Mixcoac, village of burnt lips, only the fig tree marked the year's changes. The fig tree, six months dressed in sonorous green, the other six a charred ruin of the summer sun. Enclosed by four walls (to the north: the crystal of ignorance, landscape to invent; to the south: quartered memory; to the east: the mirror; to the west: the stonemasonry of silence) I wrote answerless messages, barely signed before they were destroyed. Ferocious adolescence: the man who wants to be still does not fit in that elongated body, and strangles the child we are. (Still, after all the years, he who I will be and who I will never be pillages the he who I was, destroys my being, depopulates it, squanders riches, trades with Death.) But in those days the fig tree reached to my cell and insistently tapped my windowpane, calling me. I would go out and penetrate its center: lethargy visited by birds, elytra vibrations, entrails of fruit dripping plenty.

On calm days the fig tree was a petrified caravel of jade, imperceptibly balancing itself, tied to the black wall, splashed with green from the tide of spring. But when the March wind blew, a path would open between the light and the clouds, swelling the green sails. I would climb to the top, my head sticking out from the big leaves, pecked by birds, crowned with divination.

To read my fate in the lines of a fig leaf palm! I see combat and a great solitary battle with a bodiless being. I see an afternoon of bulls, a goring, and an ovation. I see a choir of friends, the fall of the tyrant, and the collapse of the horizon. I see exile and the desert, thirst and the ray that splits the rock in two: I see the spout of water. I see the wound and the lips, a body and a vision. I see a flotilla sailing up a turquoise river, flags, and a free people on the bank. I see giant eyes beneath whose light you must lie down like a tired tree. I see the ax and the plow, the grain and the song, I see great clouds, quarries for the eye, and a world to make.

Today the fig tree knocks on my door, inviting me. Should I grab my ax, or go out dancing with this fool?

NOTA ARRIESGADA

Templada nota que avanzas por un país de nieve y alas, entre despeñaderos y picos donde afilan su navaja los astros, acompañada sólo por un murmullo grave de cola aterciopelada, ¿adónde te diriges? Pájaro negro, tu pico hace saltar las rocas. Tu imperio enlutado vuelve ilusorios los precarios límites entre el hierro y el girasol, la piedra y el ave, el fuego y el liquen. Arrancas a la altura réplicas ardientes. La luz de cuello de vidrio se parte en dos y tu negra armadura se constela de frjaldades intactas. Ya estás entre las transparencias y tu penacho blanco ondea en mil sitios a la vez, cisne ahogado en su propia blancura. Te posas en la cima y clavas tu centella. Después, inclinándote, besas los labios congelados del cráter. Es hora de estallar en una explosión que no dejará más huella que una larga cicatriz en el cielo. Cruzas los corredores de la música y desapareces entre un cortejo de cobres.

GRAN MUNDO

Habitas un bosque de vidrio. El mar de labios delgados, el mar de las cinco de la mañana, centellea a las puertas de tu dormir. Cuando lo rozan tus ojos, su lomo metálico brilla como un cementerio de corazas. El mar amontona a tus pies espadas, azagayas, picas, ballestas, dagas. Hay moluscos resplandecientes, hay plantaciones de joyas vivas en tus alrededores. Hay una pecera de ojos en tu alcoba. Duermes en una cama hecha de un solo fulgor. Hay miradas entrelazadas en tus dominios. Hay una sola mirada fija en tus umbrales. En cada uno de los caminos que conducen hacia ti hay una pregunta sin revés, un hacha, una indicación ambigua en su inocencia, una copa que contiene fuego, otra pregunta que es un solo tajo, muchas viscosidades lujosas, una espesura de alusiones entretejidas y fatales. En tu alcoba de telarañas dictas edictos de sal. Te sirves de las claridades, manejas bien las armas frías. En otoño vuelves a los salones.

DARING NOTE

Brave note you advance through a country of snow and wings, between precipices and peaks where stars sharpen their razors, accompanied only by the heavy murmur of your velvet tail—where are you going? Black bird, your beak explodes the rocks. Your veiled kingdom renders illusory the precarious line between iron and sunflower, rock and bird, fire and lichen. You tear burning answers from the heights. The light with its glass necks splits in two, and your black armor sparkles with pure cold. You are already among transparencies and your white crest waves in a thousand places at once, swan drowned in its own whiteness. You settle on the summit and nail down your lightning. And then, bending over, you kiss the frozen lips of the crater. It is time to burst in an explosion that will leave no more trace than a long scar across the sky. You cross the corridors of music and disappear into a flourish of horns.

HIGH LIFE

You live in a forest of glass. The sea of thin lips, the sea of five a.m., sparkles at the doors of your sleep. When your eyes rub it, its metallic back shines like a cemetery of armor. The sea heaps at your feet swords, spears, lances, crossbows, daggers. There are shining mollusks, plantations of living jewels around you. There is an aquarium of eyes in your bedroom. You sleep in a bed made from a single flash. There are glances tangled in your dominions. There is a single gaze fixed on your thresholds. On each of the passages that lead to you there is a question without contradiction, an ax, an indication ambiguous in its innocence, a cup of fire, another question that is a single notch, many luxurious viscosities, a thickness of allusions, interwoven and fatal. In your bedroom of cobwebs you dictate edicts of salt. You make use of the clarities, handle cold weapons well. In autumn you return to the salons.

CASTILLO EN EL AIRE

Ciertas tardes me salen al paso presencias insólitas. Basta rozarlas para cambiar de piel, de ojos, de instintos. Entonces me aventuro por senderos poco frecuentados. A mi derecha, grandes masas de materias impenetrables; a mi izquierda, la sucesión de fauces. Subo la montaña como se trepa esa idea fija que desde la infancia nos amedrenta y fascina y a la que, un día u otro, no tenemos más remedio que encararnos. El castillo que corona el peñasco está hecho de un solo relámpago. Esbelto y simple como un hacha, erecto y llameante, se adelanta contra el valle con la evidente intención de hendirlo. ¡Castillo de una sola pieza, proposición de lava irrefutable! ¿Se canta adentro? ¿Se ama o se degüella? El viento amontona estruendos en mi frente y el trueno establece su trono en mis tímpanos. Antes de volver a mi casa, corto la florecita que crece entre las grietas, la florecita negra quemada por el rayo.

VIEJO POEMA

Escoltado por memorias tercas, subo a grandes pasos la escalinata de la música. Arriba, en las crestas de cristal, la luz deja caer sus vestiduras. A la entrada, dos surtidores se yerguen, me saludan, inclinan sus penachos parlanchines, se apagan en un murmullo que asiente. Pompas hipócritas. Adentro, en habitaciones con retratos, alguien que conozco juega un solitario empezado en 1870, alguien que me ha olvidado escribe una carta a un amigo que todavía no nace. Puertas, sonrisas, pasos quedos, cuchicheos, corredores por donde la sangre marcha al redoble de tambores enlutados. Al fondo, en el último cuarto, la lucecita de la lámpara de aceite. La lucecita diserta, moraliza, debate consigo misma. Me dice que no vendrá nadie, que apague la espera, que ya es hora de echar una cruz sobre todo y echarse a dormir. En vano hojeo mi vida. Mi rostro se desprende de mi rostro y cae en mí, como un silencioso fruto podrido. Ni un son, ni un ay. Y de pronto, indecisa en la luz, la antigua torre, erguida entre ayer y mañana. Conozco, reconozco la escalera, los gastados escalones, el mareo y el vértigo. Aquí lloré, aquí canté. Éstas son las piedras con que te hice, torre de palabras ardientes y confusas, montón de letras desmoronadas.

No. Quédate, si quieres, a rumiar al que fuiste. Yo parto al encuentro del que soy, del que ya empieza a ser, mi descendiente y antepasado, mi padre y mi hijo, mi semejante desemejante. El hombre empieza donde muere. Voy a mi nacimiento.

CASTLE IN THE AIR

Some afternoons strange beings cross my way. A mere brush against them is enough to change skin, eyes, instincts. And then I venture on unbeaten paths. To my right, great masses of impenetrable matter; to my left, a succession of gullets. I climb the mountain the way you climb that fixed idea that since childhood has terrified and fascinated you until, one day or another, you have no choice but to face it. The castle that crowns the peak is made from a single flash of lightning. Thin and simple like an ax, erect and flaming, it advances against the valley with the apparent intention of splitting it in two. Castle of a single piece, proposition of irrefutable lava! Do they sing inside? Do they love or destroy? The wind piles clamor on my head and the thunder roots its throne in my ears. Before going home, I cut the little flower that grows between the cracks, the black flower burned by the ray.

OLD POEM

Escorted by stubborn memories, I take giant steps up the stairway of music. Above, on the crystal crests, light drops its clothes. Two fountains at the entrance shoot up, greet me, bend their chattering plumes, go down in a murmur of assent. Hypocritical pomp. Inside, in rooms with portraits, someone I know plays a game of solitaire begun in 1870, someone who has forgotten me writes a letter to a friend who hasn't been born yet. Doors, smiles, quiet steps, whispers, corridors where the blood marches to the beat of mourning drums. At the end, in the last room, faint light from an oil lamp. The light discusses, moralizes, debates with itself. It tells me that no one will ever come, to give up hope, that now is the time to put an X over everything and go to sleep. I look over my life in vain. My face comes off my face and falls into me like a silent rotten fruit. Not a sound, not a sigh. And suddenly, hazy in the light, the ancient tower, raised between yesterday and tomorrow. I remember the stairway, the worn steps, the nausea and vertigo. Here I cried, here I sang. These are the stones with which I made you, tower of burning, confused words, heap of crumbled letters.

No. Stay if you like, and ruminate on what you were. I'm leaving to encounter what I am, what I now begin to be, my descendant and ancestor, my father and my son, my unlike likeness. Man begins where he dies. I am going to my birth.

UN POETA

—Música y pan, leche y vino, amor y sueño: gratis. Gran abrazo mortal de los adversarios que se aman: cada herida es una fuente. Los amigos afilan bien sus armas, listos para el diálogo final, el diálogo a muerte para toda la vida. Cruzan la noche los amantes enlazados, conjunción de astros y cuerpos. El hombre es el alimento del hombre. El saber no es distinto del soñar, el soñar del hacer. La poesía ha puesto fuego a todos los poemas. Se acabaron las palabras, se acabaron las imágenes. Abolida la distancia entre el nombre y la cosa, nombrar es crear, e imaginar, nacer.

—*Por lo pronto, coge el azadón, teoriza, sé puntual. Paga tu precio y cobra tu salario. En los ratos libres pasta hasta reventar: hay inmensos predios de periódicos. O desplómate cada noche sobre la mesa del café, con la lengua hinchada de política. Calla o gesticula: todo es igual. En algún sitio ya prepararon tu condena. No hay salida que no dé a la deshonra o al patíbulo: tienes los sueños demasiado claros*, te hace falta una filosofía fuerte.

APARICIÓN

Vuelan aves radiantes de estas letras. Amanece la desconocida en pleno día, sol rival del sol, e irrumpe entre los blancos y negros del poema. Pía en la espesura de mi asombro. Se posa en mi pecho con la misma suavidad inexorable de la luz que reclina la frente sobre una piedra abandonada. Extiende sus alas y canta. Su boca es un palomar del que brotan palabras sin sentido, fuente deslumbrada por su propio manar, blancuras atónitas de ser. Luego desaparece.

Inocencia entrevista, que cantas en el pretil del puente a la hora en que yo soy un río que deserta en lo oscuro: ¿qué frutos picas allá arriba?, ¿en qué ramas de qué árbol cantas los cantos de la altura?

A POET

"Music and bread, milk and wine, love and sleep: free. Great mortal embrace of enemies that love each other: every wound is a fountain. Friends sharpen their weapons well, ready for the final dialogue to the end of time. The lovers cross the night enlaced, conjunction of stars and bodies. Man is the food of man. Knowledge is no different from dreaming, dreaming from doing. Poetry has set fire to all poems. Words are finished, images are finished. The distance between the name and the thing is abolished; to name is to create, and to imagine, to be born."

"*For now, grab your hoe, theorize, be punctual. Pay your price and collect your salary. In your free time, graze until you burst: there are huge meadows of newspapers. Or, blow up every night at the café table, your tongue swollen with politics. Shut up or make noise: it's all the same. Somewhere they've already sentenced you. There is no way out that does not lead to dishonor or the gallows: your dreams are too clear*, you need a strong philosophy."

APPARITION

Radiant birds fly from these letters. The unknown dawns in broad daylight, sun rivaling the sun, and bursts between the whites and blacks of the poem. It whines in the thick of my wonder. It lands on my chest with the same inexorable softness as the light that bends its forehead over an abandoned stone. It stretches its wings and sings. Its mouth is a pigeon coop murmuring with senseless words, fountain dazzled by its own jet, white amazement of being. Then it disappears.

Innocence glimpsed, what do you sing on the railing of the bridge now that I am a river lost in darkness? What fruits do you peck up there? From which branches of which tree do you sing the songs of the heights?

DAMA HUASTECA

Ronda por las orillas, desnuda, saludable, recién salida del baño, recién nacida de la noche. En su pecho arden joyas arrancadas al verano. Cubre su sexo la yerba lacia, la yerba azul, casi negra, que crece en los bordes del volcán. En su vientre un águila despliega sus alas, dos banderas enemigas se enlazan, reposa el agua. Viene de lejos, del país húmedo. Pocos la han visto. Diré su secreto: de día, es una piedra al lado del camino; de noche, un río que fluye al costado del hombre.

SER NATURAL

(HOMENAJE AL PINTOR RUFINO TAMAYO)

I

Despliegan sus mantos, extienden sus cascadas, desvelan sus profundidades, transparencia torneada a fuego, los azules. Plumas coléricas o gajos de alegría, deslumbramientos, decisiones imprevistas, siempre certeras y tajantes, los verdes acumulan humores, mastican bien su grito antes de gritarlo, frío y centelleante, en su propia espesura. Innumerables, graduales, implacables, los grises se abren paso a cuchilladas netas, a clarines impávidos. Colindan con lo rosa, con lo llama. Sobre sus hombros descansa la geometría del incendio. Indemnes al fuego, indemnes a la selva, son espinas dorsales, son columnas, son mercurio.

En un extremo arde la media luna. No es joya ya, sino fruta que madura al sol interior de sí misma. La media luna es irradiación, matriz de madre de todos, de mujer de cada uno, caracol rosa que canta abandonado en una playa, águila nocturna. Y abajo, junto a la guitarra que canta sola, el puñal de cristal de roca, la pluma de colibrí y el reloj que se roe incansablemente las entrañas, junto a los objetos que acaban de nacer y los que están en la mesa desde el Principio, brillan la tajada de sandía, el mamey incandescente, la rebanada de fuego. La media fruta es una media luna que madura al sol de una mirada de mujer.

Equidistantes de la luna frutal y de las frutas solares, suspendidos entre mundos enemigos que pactan en ese poco de materia elegida, entrevemos nuestra porción de totalidad. Muestra los dientes el Tragaldabas, abre los ojos el Poeta, los cierra la Mujer. Todo es.

HUASTEC LADY

She walks by the riverbanks, naked, healthy, newly bathed, newly born from the night. On her breast burn jewels wrenched from summer. Covering her sex, the withered grass, the blue, almost black grass that grows on the rim of the volcano. On her belly an eagle spreads its wings, two enemy flags entwine, and water rests. She comes from afar, from the humid country. Few have seen her. I will tell her secret: by day, she is a stone on the side of the road; by night, a river that flows to the flank of man.

NATURAL BEING

(HOMAGE TO THE PAINTER RUFINO TAMAYO)

I

The blues spread their layers, stretch their waterfalls, clear their depths, transparency shaped by fire. Passionate feathers or bunches of happiness, dazzles, hasty decisions, always skilled and chiseled, the greens gather fluids, chew their screams well before screaming, cold and flashing, in their thickness. Innumerable, gradual, implacable, the grays open the way with clean slashes and intrepid bugles, neighbors of the pink, the flame. The geometry of fire rests on their shoulders. Unharmed by fire, unharmed by the jungle, they are dorsal bones, columns, mercury.

The half-moon burns in a corner. It is not yet a jewel, but a fruit that ripens by its own interior sun. The half-moon is radiation, womb of the mother of all, womb of each one's wife, pink shell that sings abandoned on a beach, night eagle. And below, next to the guitar that plays alone, the rock crystal knife, the hummingbird's feather and the clock that tirelessly gnaws on its entrails, next to the objects that have just been born and those that have been on the table since the Beginning, the slice of watermelon, the incandescent mamey, and the sliver of fire shine. The half-fruit is a half-moon that ripens in the sun of a woman's gaze.

Equidistant from the fruit-moon and the solar fruits, suspended between enemy worlds that make a pact in this bit of chosen matter, we glimpse our portion of totality. The Glutton bares his teeth, the Poet opens his eyes, the Woman closes hers. All is.

II

Arrasan las alturas jinetes enlutados. Los cascos de la caballería salvaje dejan un reguero de estrellas. El pedernal eleva su chorro de negrura afilada. El planeta vuela hacia otro sistema. Alza su cresta encarnada el último minuto vivo. El aullido del incendio rebota de muro a muro, de infinito a infinito. El loco abre los barrotes del espacio y salta hacia dentro de sí. Desaparece al instante, tragado por sí mismo. Las fieras roen restos de sol, huesos astrales y lo que aún queda del Mercado de Oaxaca. Dos gavilanes picotean un lucero en pleno cielo. La vida fluye en línea recta, escoltada por dos riberas de ojos. A esta hora guerrera y de sálvese el que pueda, los amantes se asoman al balcón del vértigo. Ascienden suavemente, espiga de dicha que se balancea sobre un campo calcinado. Su amor es un imán del que cuelga el mundo. Su beso regula las mareas y alza las esclusas de la música. A los pies de su calor la realidad despierta, rompe su cáscara, extiende las alas y vuela.

III

Entre tanta materia dormida, entre tantas formas que buscan sus alas, su peso, otra forma, surge la bailarina, la señora de las hormigas rojas, la domadora de la música, la ermitaña que vive en una cueva de vidrio, la hermosa que duerme a la orilla de una lágrima. Se levanta y danza la danza de la inmovilidad. Su ombligo concentra todos los rayos. Está hecha de las miradas de todos los hombres. Es la balanza que equilibra deseo y saciedad, la vasija que nos da de dormir y de despertar. Es la idea fija, la perpetua arruga en la frente del hombre, la estrella sempiterna. Ni muerta ni viva, es la gran flor que crece del pecho de los muertos y del sueño de los vivos. La gran flor que cada mañana abre lentamente los ojos y contempla sin reproche al jardinero que la corta. Su sangre asciende pausada por el tallo tronchado y se eleva en el aire, antorcha que arde silenciosa sobre las ruinas de México. Árbol fuente, árbol surtidor, arco de fuego, puente de sangre entre los vivos y los muertos: todo es inacabable nacimiento.

II

Mourning cowboys level the heights. The hooves of savage cavalry leave a rivulet of stars. Flint raises its spout of sharpened blackness. The planet flies to another system. The last living minute raises its red comb. The howl of the furnace echoes from wall to wall, from infinity to infinity. The fool breaks the bars of space and leaps, disappearing instantly, swallowed by himself. Beasts gnaw at the remains of the sun, astral bones, and that which is left of the Oaxaca Market. Two hawks peck a morning star in the open sky. Life flows in a straight line, guarded by two strands of eyes. At this time of war and of save-yourself-if-you-can, lovers come out on a balcony of vertigo. They climb softly, grain of joy resting on a charred field. Their love is a magnet from which the world hangs. Their kiss controls the tides and raises the floodgates of music. At the feet of their passion, reality wakes, breaks open its cocoon, spreads its wings, and flies.

III

Amidst so much sleeping matter, amidst so many forms that search for their wings, their weight, their other form, the ballerina appears, lady of the red ants, tamer of music, hermit who lives in a cave of glass, the girl who sleeps on the bank of a tear. She gets up and dances the dance of immobility. Her navel gathers all the rays. She is made of the glances of all men. She is the scale that balances desire and satiety, the vessel that is given us to sleep and wake. She is the fixed idea, the perpetual wrinkle on the forehead of man, the everlasting star. Neither dead nor living, she is the great flower that grows from the breast of the dead and from the dream of the living. The great flower that every morning slowly opens its eyes and gazes without reproach at the gardener who cuts it. Her blood rises slowly through the cut stem and lifts into the air, torch that silently burns over the ruins of Mexico. Tree fountain, tree spout, arch of fire, bridge of blood between the living and the dead: all is unending birth.

VALLE DE MÉXICO

El día despliega su cuerpo transparente. Atado a la piedra solar, la luz me golpea con sus grandes martillos invisibles. Sólo soy una pausa entre una vibración y otra: el punto vivo, el afilado, quieto punto fijo de intersección de dos miradas que se ignoran y se encuentran en mí. ¿Pactan? Soy el espacio puro, el campo de batalla. Veo a través de mi cuerpo mi otro cuerpo. La piedra' centellea. El sol me arranca los ojos. En mis órbitas vacías dos astros alisan sus plumas rojas. Esplendor, espiral de alas y un pico feroz. Y ahora, mis ojos cantan. Asómate a su canto, arrójate a la hoguera.

LECHO DE HELECHOS

En el fin del mundo, frente a un paisaje de ojos inmensos, adormecidos pero aún destellantes, me miras con tu mirada última —la mirada que pierde cielo. La playa se cubre de miradas, escamas resplandecientes. Se retira la ola de oro líquido. Tendida sobre la lava que huye, eres un gran témpano lunar que enfila hacia el ay, un pedazo de estrella que cintila en la boca del cráter. En tu lecho vertiginoso te enciendes y apagas. Tu caída me arrastra, herida que parpadea, círculo que cierra sus pestañas, negrura que se abre, despeñadero en cuyo fondo nace un astro de hielo. Desde tu caer me contemplas con tu primer mirada —la mirada que pierde suelo. Y tu mirar se prende al mío. Te sostienen en vilo mis ojos, como la luna a la marea encendida. A tus pies la espuma degollada canta el canto de la noche que empieza.

VALLEY OF MEXICO

The day unfolds its transparent body. Tied to the solar stone, the light pounds me with its great invisible hammers. I am only a pause between one vibration and the next: the living point, the sharp, quiet point fixed at the intersection of two glances that ignore each other and meet within me. Do they make a pact? I am pure space, the battleground. Through my body, I see my other body. The stone sparkles. The sun rips out my eyes. Two stars smooth their red feathers in my empty sockets. Splendor, spiral of wings, and a ferocious beak. And now my eyes sing. Peer into its song, throw yourself into the fire.

FEN OF FERNS

At the end of the world, in front of a landscape of giant eyes, drowsy but still shooting sparks, you look at me with your last gaze—a gaze that fades the sky. The beach is covered with gazes, shining fish scales. The wave of liquid gold retreats. Stretched out on the fleeing lava, you are a great lunar iceberg that floats toward the cry, a piece of star that sparkles at the mouth of the crater. You ignite and are quenched on your giddy bed. Your fall drags me down, winking wound, circle that shuts its eye, blackness that opens, the bottom of a precipice where a star of ice is born. From your falling you look at me with your first gaze—a gaze that fades the ground. Your gaze fixes on mine. My eyes hold you in suspense, as the moon holds the flaming tide. At your feet the headless foam sings the song of the night that begins.

A mi izquierda el verano despliega sus verdes libertades, sus claros y cimas de ventura: follajes, transparencias, pies desnudos en el agua, sopor bajo los plátanos y un enjambre de imágenes revoloteando alrededor de mis ojos entrecerrados. Canta el mar de hojas. Zumba el sol. Alguien me espera en la espesura caliente; alguien ríe entre los verdes y los amarillos. Inclinado sobre mí mismo, me defiendo: aún no acabo conmigo. Pero insisten a mi izquierda: ¡ser yerba para un cuerpo, ser un cuerpo, ser orilla que se desmorona, embestida dulce de un río que avanza entre meandros! Sí, extenderse, ser cada vez más. De mi ojo nace un pájaro, se enreda la vid en mi tobillo, hay una colmena en mi oreja derecha; maduro, caigo con un ruido de fruto, me picotea la luz, me levanto con el fresco, aparto con el pecho las hojas obstinadas. Cruzan ejércitos de alas el espacio. No, no cedo. Aún no acabo conmigo.

A mi derecha no hay nada. El silencio y la soledad extienden sus llanuras. ¡Oh mundo por poblar, hoja en blanco! Peregrinaciones, sacrificios, combates cuerpo a cuerpo con mi alma, diálogos con la nieve y la sal: ¡cuántas blancuras que esperan erguirse, cuántos nombres dormidos, prestos a ser alas del poema! Horas relucientes, espejos pulidos por la espera, trampolines del vértigo, atalayas del éxtasis, puentes colgantes sobre el vacío que se abre entre dos exclamaciones, estatuas momentáneas que celebran durante una fracción de segundo el descenso del Rayo. La yerba despierta, se echa a andar y cubre de viviente verdor las tierras áridas; el musgo sube hasta las rocas; se abren las nubes. Todo canta, todo da frutos, todo se dispone a ser. Pero yo me defiendo. Aún no acabo conmigo.

Entre extenderse y erguirse, entre los labios que dicen la Palabra y la Palabra, hay una pausa, un centelleo que divide y desgarra: yo. Aún no acabo conmigo.

To my left the summer spreads its green liberties, its lights and peaks of happiness: foliage, transparencies, bare feet in the water, lethargy beneath the banana trees, and a swarm of images fluttering around my half-closed eyes. The sea of leaves sings. The sun buzzes. Someone waits for me in the hot thickness; someone laughs among the greens and yellows. Bending over, I defend myself: I'm not finished with myself yet. But to my left they persist: to be the grass for a body, to be a body, to be a bank that crumbles, the sweet assault of a river that meanders and moves on! Yes, to stretch out, to be more each time. A bird rises from my eye, vines entangle my ankle, there is a beehive in my right ear; I ripen, I fall with the sound of fruit, the light pecks me, I get up with the cool air and part the stubborn leaves with my chest. Squads of wings cross the space. No, I do not surrender. I'm not finished with myself yet.

To my right there is nothing. Silence and solitude stretch their plains. Oh world to populate, blank page! Pilgrimages, sacrifices, hand-to-hand combat with my soul, conversations with the snow and salt: how many whitenesses waiting to erect, how many sleeping names soon to be the wings of the poem! Shining hours, mirrors polished by expectation, trampolines of vertigo, watchtowers of ecstasy, bridges suspended over the chasm that opens between two exclamations, momentary statues that for a fraction of a second celebrate the descent of the Ray! The grass wakes, begins to move, and covers the arid lands with living green; moss climbs to the rocks; clouds open. Everything sings, everything bears fruit, everything prepares to be. But I defend myself. I'm not finished with myself yet.

Between the widening and the heightening, between the lips that say the Word and the Word itself, there is a pause, a sparkle that divides and claws: I. I'm not finished with myself yet.

HACIA EL POEMA

(PUNTOS DE PARTIDA)

I

Palabras, ganancias de un cuarto de hora arrancado al árbol calcinado del lenguaje, entre los buenos días y las buenas noches, puertas de entrada y salida y entrada de un corredor que va de ningunaparte a ningúnlado.

Damos vueltas y vueltas en el vientre animal, en el vientre mineral, en el vientre temporal. Encontrar la salida: el poema.

Obstinación de ese rostro donde se quiebran mis miradas. Frente armada, invicta ante un paisaje en ruinas, tras el asalto al secreto. Melancolía de volcán.

La benévola jeta de piedra de cartón del Jefe, del Conductor, fetiche del siglo; los yo, tú, él, tejedores de telarañas, pronombres armados de uñas; las divinidades sin rostro, abstractas. Él y nosotros, Nosotros y Él: nadie y ninguno. Dios padre se venga en todos estos ídolos.

El instante se congela, blancura compacta que ciega y no responde y se desvanece, témpano empujado por corrientes circulares. Ha de volver.

Arrancar las máscaras de la fantasía, clavar una pica en el centro sensible: provocar la erupción.

Cortar el cordón umbilical, matar bien a la Madre: crimen que el poeta moderno cometió por todos, en nombre de todos. Toca al nuevo poeta descubrir a la Mujer.

Hablar por hablar, arrancar sones a la desesperada, escribir al dictado lo que dice el vuelo de la mosca, ennegrecer. El tiempo se abre en dos: hora del salto mortal.

TOWARD THE POEM

(STARTING-POINTS)

I

Words, the profits of a quarter-hour wrenched from the charred tree of language, between the good mornings and the good nights, doors that enter and exit and enter on a corridor that goes from noplace to nowhere.

We turn and turn in the animal belly, in the mineral belly, in the belly of time. To find the way out: the poem.

Stubbornness of that face where my gazes are broken. Armed mind, unconquered before a countryside in ruins after the assault on the secret. Volcanic melancholy.

The benevolent papier-mâché pout of the Chief, the Leader, fetish of the century: the I, you, he, spinners of spider webs, pronouns armed with fingernails; faceless divinities, abstractions. He and we, We and He, nobody and no one. God the Father avenges himself in all these idols.

The moment freezes, compact whiteness that blinds and does not answer and dissolves, iceberg pushed by circular currents. It must return.

To rip off the masks of fantasy, to drive a spike into the sensitive center: to provoke the eruption.

To cut the umbilical cord, kill the Mother: the crime that the modern poet has committed for all, in the name of all. The young poet must discover Woman.

To speak for the sake of speaking, to wrench sounds from the desperate, to take dictation from the fly's flight, to blacken. Time splits in two: hour of the somersault.

Palabras, frases, sílabas, astros que giran alrededor de un centro fijo. Dos cuerpos, muchos seres que se encuentran en una palabra. El papel se cubre de letras indelebles, que nadie dijo, que nadie dictó, que han caído allí y arden y queman y se apagan. Así pues, existe la poesía, el amor existe. Y si yo no existo, existes tú.

Por todas partes los solitarios forzados empiezan a crear las palabras del nuevo diálogo.

El chorro de agua. La bocanada de salud. Una muchacha reclinada sobre su pasado. El vino, el fuego, la guitarra, la sobremesa. Un muro de terciopelo rojo en una plaza de pueblo. Las aclamaciones, la caballería reluciente entrando a la ciudad, el pueblo en vilo: ¡himnos! La irrupción de lo blanco, de lo verde, de lo llameante. Lo demasiado fácil, lo que se escribe solo: la poesía.

El poema prepara un orden amoroso. Preveo un hombre-sol y una mujer-luna, el uno libre de su poder, la otra libre de su esclavitud, y amores implacables rayando el espacio negro. Todo ha de ceder a esas águilas incandescentes.

Por las almenas de tu frente el canto alborea. La justicia poética incendia campos de oprobio: no hay sitio para la nostalgia, el yo, el nombre propio.

Todo poema se cumple a expensas del poeta.

Mediodía futuro, árbol inmenso de follaje invisible. En las plazas cantan los hombres y las mujeres el canto solar, surtidor de transparencias. Me cubre la marejada amarilla: nada mío ha de hablar por mi boca.

Cuando la Historia duerme, habla en sueños: en la frente del pueblo dormido el poema es una constelación de sangre. Cuando la Historia despierta, la imagen se hace acto, acontece el poema: la poesía entra en acción.

Merece lo que sueñas.

Words, phrases, syllables, stars that turn around a fixed center.
bodies, many beings that meet in a word. The paper is covered
indelible letters that no one spoke, that no one dictated, that
fallen there and ignite and burn and go out. This is how poetry ex
how love exists. And if I don't exist, you do.

Everywhere solitary prisoners begin to create the words of the n
dialogue.

The spring of water. The mouthful of health. A girl reclining on he
past. The wine, the fire, the guitar, the tablecloth. A red velvet wall in
a village square. The cheers, the shining cavalry entering the city, the
citizens in flight: hymns! Eruption of the white, the green, the flaming.
Poetry: the easiest thing, that which writes itself.

The poem creates a loving order. I foresee a sun-man and a moon-
woman, he free of his power, she of her slavery, and implacable loves
streaking through black space. Everything must yield to those in-
candescent eagles.

Song dawns on the turrets of your mind. Poetic justice burns fields of
shame: there is no room for nostalgia, for the I, for proper nouns.

Every poem is fulfilled at the poet's expense.

Future noon, huge tree of invisible leaves. In the plazas, men and
women sing the solar song, fountain of transparencies. The yellow
surf covers me: nothing mine will speak through my mouth.

When History sleeps, it speaks in dreams: on the forehead of the
sleeping people, the poem is a constellation of blood. When History
wakes, image becomes act, the poem happens: poetry moves into action.

Deserve your dream.

Two
ith
ave
sts,

w

rgne, TN USA
gust 2010

50LV00001B/55/A